Die 12 Arten des Lernens

Entwürfe für die Zukunft – Band 15

Inhaltsübersicht

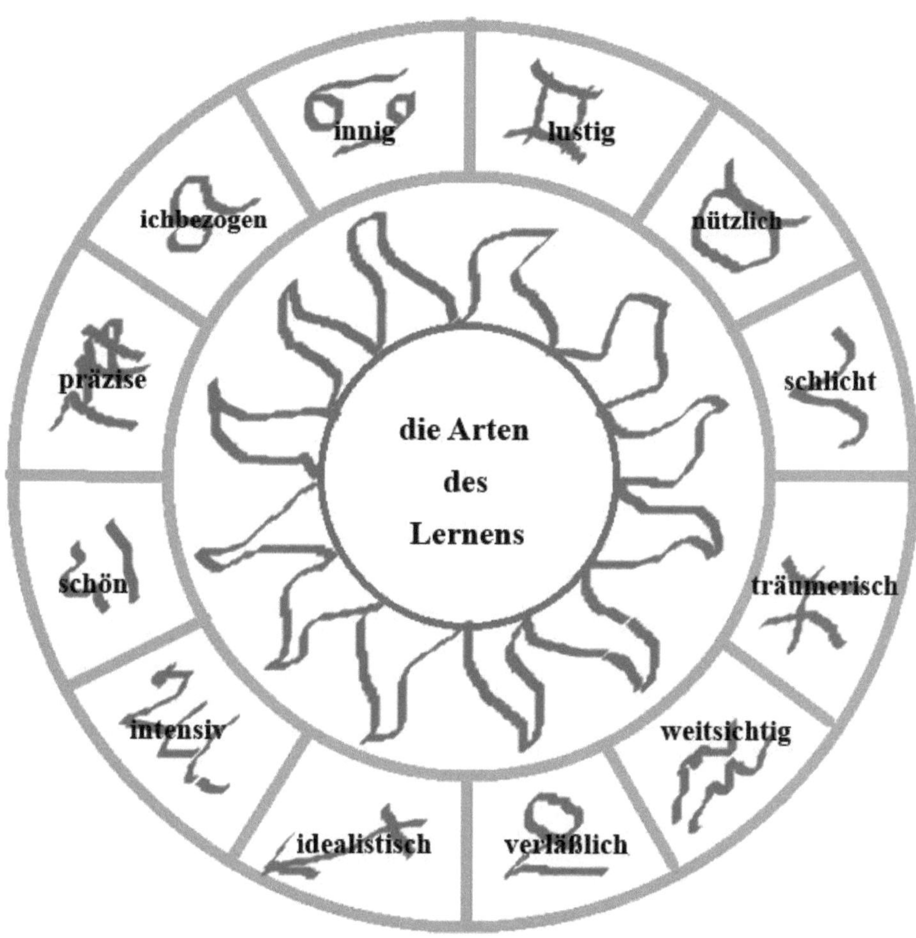

Warum 12?

Alle Bücher dieser Reihe haben genau 12 Kapitel – was sich ja auch in den Titeln dieser Bücher widerspiegelt. Warum?

In diesen Büchern wird der Tierkreis als Matrix von 12 verschiedenen Sichtweisen auf die Welt verwendet, um das Thema des Buches möglichst umfassend in 12 Kapiteln zu betrachten. Dadurch wird eine ausgewogenere, umfassendere und tiefere Einsicht in das jeweilige Thema erlangt als es ohne ein solches Raster, ohne eine solche Matrix möglich wäre.

Der Tierkreis wird in dieser Buch-Reihe als Forschungs-Hilfsmittel benutzt, durch das die Einseitigkeiten in der Betrachtung zumindest vermindert werden können. Weiter-hin werden durch dieses Vorgehen diese 12 Sichtweisen auch als Ergänzungen zueinander, als organische Teile eines Ganzen deutlich.

Die Inspiration zu diesem Vorgehen stammt aus Hermann Hesses Roman „Das Glasperlenspiel“, für das er 1946 den Literatur-Nobelpreis erhielt. In diesem Roman beschreibt er die öffentlichen Darstellungen von Übersichten und Gesamtbetrachtungen, die mithilfe von verschiedenen allgemeinen Strukturen wie z.B. dem Ba Gua aus dem chinesischen Feng-Shui angefertigt und aufgeführt werden.

Diese Buch-Reihe ist ein Versuch, Hesse's Idee im ganz Kleinen konkret zu verwirklichen.

Die Blickwinkel der 12 Tierkreiszeichen sind:

♈	Widder:	Spontaner
♉	Stier:	Genießer
♊	Zwilling:	Neugieriger
♋	Krebs:	Familienmensch
♌	Löwe:	Egozentriker
♍	Jungfrau:	Handwerker
♎	Waage:	Schöngeist
♏	Skorpion:	Tiefgründiger
♐	Schütze:	Idealist
♑	Steinbock:	Realist
♒	Wassermann:	Theoretiker
♓	Fische:	Träumer

1. schlicht

♈

Die erste Art des Lernens ist das Nachfragen nach dem, was man jetzt gerade braucht. Und die Antwort auf diese Frage sollte möglichst schlicht und klar und einfach sein – ohne irgendwelche überflüssigen Details, die ja doch nur vom Wesentlichen ablenken. Und bitte kein Kleingedrucktes! Wie die Sache genau funktioniert, findet man schon heraus, wenn man so weit ist.

Learning by doing! Alles andere ist Unsinn.

Ungefähr diesen Ansatz findet man in einigen finnischen Schulen, in denen die Schüler sich Projekte aussuchen können und dann z.B. beim Kochen oder beim Bau eines Kanus nebenher den Dreisatz lernen, weil sie ihn gerade brauchen. Dabei arbeiten auch ganz verschieden alte Schüler und Schülerinnen zusammen, sodass die Jüngeren von den Älteren lernen und nicht von dem Lehrer.

Dies entspricht dem Lernen des Kindes beim Vater und bei der Mutter, bei denen sie sieht, wie man ein bestimmtes Werkzeug anfasst oder wie man eine Schwierigkeit löst. Auch in einer Lehre wird vorwiegend nach dieser Methode gelernt – wenig Erklärung, viel Konkretes, tun, was getan werden muss und was zu einem handfesten Ergebnis führt.

Gelernt wird mit Augen und Händen im Alltag im konkreten Fall – die betreffende Sache hat man anschließend begriffen. Dann kann das nächste kommen – aber bitte mit einer Pause dazwischen! Ständig lernen ist ungesund …

Man lernt durch das Erlebnis, wenn man dabei aufmerksam und konzentriert ist – und das ist nur möglich, wenn es genügend Pausen gibt, in denen man das tun kann, wozu man gerade Lust hat.

Lernen: Das ist eine Fähigkeit, die die wirbellosen Tiere und die Fische noch überhaupt nicht haben – aber dafür ruhen sie ganz in ihren Instinkten und müssen auch nicht wie wir Lernenden schlafen, um all das Neue zu verdauen. Ansatzweise können sich Amphibien und Reptilien erinnern und daher auch in Maßen lernen – und schlafen folglich auch ein bisschen. Voll ausgeprägt ist das Erinnern und Lernen nur bei den Säugetieren und Vögeln. Sie schlafen daher auch sehr viel.

Lernen: Das ist Erinnerung, Abrufung, Wahrnehmung, Bewertung, Erfahrung, Wiedererkennen, Mustererkennung – und dann sinnvolles Handeln … Sofern dabei alles funktioniert hat …

Vergessen: Das Kurzzeitgedächtnis speichert nur in den Synapsen und bewahrt maximal sieben Informationen höchstens 30 Sekunden lang – das braucht man für die aktuelle Datenverarbeitung. Das Langzeitgedächtnis kann beliebig viele Informationen beliebig lange speichern, da sie als Proteine gespeichert werden.

Als Lehrer muss man solchen Schülern kernige, knackige Erlebnisse und Erkenntnisse bieten, die ihn einfach überzeugen, sodass er das Thema von sich aus ganz begreifen und beherrschen will – einfach deshalb, weil er erlebt hat, dass er genau dieses Wissen in seinem Leben für das, was er gerade jetzt in diesem Augenblick tun will, braucht.

Der ideale Lernort für diesen Typ ist der Alltag – also der Ort, an dem er gerade ist und an dem etwas tun will. Der Widder-Lerntyp lernt immer nur im Augenblick an dem, was ihn gerade anzieht und mit dem er etwas tun will.

Die Lernmittel, die dieser Lerntyp braucht, sind daher sehr verschieden – im Grunde ist es die Situation, die es ihm ermöglicht, das zu tun, was er gerade tun will. Sein Lieblings-Lern-Werkzeug ist daher seine Hand.

In der klassischen Kategorisierung ist der Widder ein tätiger Lerntyp.

<u>Begeisterung</u>

(von David Eilenstein)

Zur Begeisterung fällt mir das „Ninja-Fieber" ein – da merkt man genau, wenn das die Leute packt. Die sind immer erst mal etwas zurückhaltend – das sieht ja ganz cool

*aus, was man da macht ... Dann lad ich die zum Training ein: „Kommt mal vorbei."
Manche sind dann gleich begeistert und kommen vorbei – manche kommen und manche nicht. Manche sind dann erst mal erstaunt, dass wir auch irgendwo trainieren ...*

*Eine Frau ist mal gekommen – die kenne ich seit einem Jahr – dann haben wir uns in
der Ninja-Halle getroffen und trainiert. Erst ist ja alles so groß – da war sie ein bisschen eingeschüchtert. Doch sie war erst fünf Minuten irgendwo langgehangelt, da
hatte sie schon dieses Grinsen im Gesicht. Da dachte ich: „Boah – die hat Spaß!"
Die hat bis zum Letzten gekämpft – und wir waren zwei Stunden da und am Ende hatte sie offene Blasen an den Händen, aber sie war einfach nur angepisst, weil sie nicht
mehr weitermachen konnte. Da ist dieser Begeisterungs-Funke übergesprungen und
sie hat sich mit dem Ninja-Fieber angesteckt. Das siehst Du in der Community's so oft,
das passiert ständig, dass die das mal ausprobieren wollen und dann bleiben die einfach dabei.*

*Das ist einfach typisch, dieses Grinsen – sogar in Wettkämpfen siehst Du das. Man-
che sind so ultra-angestrengt oder vollkommen fokussiert, aber den meisten wirklich
guten Ninjas siehst Du im Gesicht an, dass sie einfach Spaß haben an dem, was sie
da tun.*

*Zu dem Thema fällt mir noch etwas von mir persönlich ein. Es gibt verschiedene
Trainingsstile.*

*Es gibt Leute, die bauen sich einen Trainingsplan und arbeiten den dann ab und die
sind vollkommen cool damit und das macht denen Bock und dann werden die besser,
weil sie die Dinge systematisch tun – erst kommt die eine Übung, dann die andere
Übung, dann die dritte Übung.*

*Wenn ich solche Trainingspläne mache – das geht überhaupt nicht. Ich muss rumspie-
len im Training – ich hab irgendeine blöde Idee und dann probier ich die aus. Dann
kommt der nächste mit einer anderen blöden Idee und dann probieren wir die zusammen aus. Das ist das Training – das ist ganz oft so, wenn sich Ninjas treffen, dass es
genau so läuft. Wenn Du einen Ninja in eine Halle steckst, dann macht der sein Zeug
– aber wenn Du fünf Ninjas in eine Halle steckst, dann ist das genau das, was ich gerade beschrieben habe: Der eine hat eine blöde Idee, macht das, kriegt das erst mal
nicht hin, alle anderen sagen „Was?! Das geht nicht!", irgendeiner kriegt's dann
doch hin, alle anderen sind erst mal angefixt: „Boah, das geht! O.k. – das müssen wir*

jetzt auch machen!" Das ist das Coole am Ninja – dass sich das Training nicht wie Training anfühlt, sondern wie Spiel.

Was man natürlich auch viel macht im Training, sind Stages – dass man also nicht nur ein Hindernis macht und da rumspielt, sondern dass man viele aneinanderhängt – aber das ist eben mein Trainingsstil.

Es gibt drei Formen des Trainings: Das eine ist Ausdauer – Du machst etwas und übst es und perfektionierst es; Du bist bei einer Sache noch unsicher und dann machst Du es lieber so lange, bis Du Dir da sicher bist. Das nächste ist Challenges – das heißt, man hat eine blöde Idee und das klappt gar nicht und man versucht es doch irgendwie hinzukriegen. Und das dritte ist Stages – da macht man eine Reihenfolge von Hindernissen und geht die durch; man hat also z.B. fünf Hindernisse hintereinander und trainiert die am Stück. Das sind die drei Sorten von Training, die es gibt.

(Die Texte von David Eilenstein sind Auszüge aus dem Buch „Ninja und Magie" von meinem Sohn David und mir.)

2. nützlich

♉

Die zweite Art des Lernens ist die Darlegung der Nützlichkeit einer Information. Sobald man erkannt hat, dass man diese Information für etwas brauchen kann und dass sie das Leben einfacher und angenehmer macht, ist es kein Problem mehr, sich diese Information auch zu merken.

Man lernt das meiste, indem man unbewusst die Kultur der Eltern übernimmt. Dabei spielen auch Gewohnheiten, Vorurteile und ähnliches eine Rolle. Das Lernen kann auch beträchtlich durch anschauliche Beispiele unterstützt werden – die schaffen den Alltagsbezug und machen die Nützlichkeit des Lerninhaltes deutlich.

Man lernt am leichtesten durch Anwendung und Nachahmung, aber man will auch nicht zu viel auf einmal lernen.

Für diesen Lerntyp ist die Lernumgebung sehr wichtig – ideal ist ein individueller Lernplatz. Es hat sich bewährt, diesen Ort zusätzlich durch energetisches Feng Shui, Merkur-Statuen, Merkur-Meditationen u.ä. mit der Qualität des Lernens zu prägen.

Dieser Stil ist auch empfänglich für Lernen durch Belohnung. Dieses Vorgehen wird oft etwas abfällig auch „Konditionierung" genannt.

Als Lehrer muss man solch einem Schüler immer als erstes die Nützlichkeit des unterrichteten Wissens deutlich machen. Wenn man das gelehrte Wissen an ein Problem oder an einen Wunsch des Schülers anschließen kann, dann hat man als Lehrer schon so gut wie gewonnen – und der Schüler wird motiviert das betreffende Wissen erwerben wollen.

Der ideale Lernort für diesen Typ ist der Balkon oder das Gartenhäuschen, wo es gemütlich ist und wo ein Stück Pflaumenkuchen und ein Glas gekühlter Orangensaft bereitstehen. Schließlich fördert die Gemütlichkeit und das Wohlbefinden ganz beträchtlich die Konzentration und die Aufnahmefähigkeit … vor allem wenn die Lernstoffe etwas Angenehmes sind. Der Stier-Lerntyp will das Leben genießen – das ist für ihn das Wesentliche im Leben. Folglich will er sich auch das Lernen so angenehm wie möglich gestalten.

Die Lernmittel, die dieser Lerntyp braucht, sind Anschauungsmaterial wie Gesteine in der Geologie, Kräuter in der Biologie, Geräte in der Physik usw. Für diesen Lerntyp ist das Verstehen ein Erfassen – also wörtlich ein „Anfassen" und daher „Begreifen". Sein Lieblings-Lern-Werkzeug ist das Produkt oder das Ding, um das es bei dem Lernen geht – das sollte vor ihm stehen und von ihm angefasst werden können. Dann kann er es auch verstehen.

In der klassischen Kategorisierung ist der Stier ein haptischer Lerntyp.

Regeneration

(von David Eilenstein)

Regeneration ist ein großer Punkt! Natürlich ist es wichtig, seine Limits zu pushen und auch mal etwas weiter zu trainieren, auch wenn's anstrengend wird, denn dann wissen die Muskeln: „Wir müssen nachrüsten!"

Eigentlich ist es ganz simpel: Man wird nicht während des Trainings stärker, sondern zwischen den Trainings. Im Training wird den Muskeln klar: „Das können wir noch nicht." Daraufhin bauen die Muskeln nach dem Training dann neue Muskelmasse auf, wodurch der Muskel dann stärker wird. Wenn man die Pausen zwischen zwei Trainings ausläßt, kann man trainieren wie man will – man wird nicht stärker … Diese Pausen sind wirklich wichtig!

Ich habe das anfangs dieses Jahres gemerkt – da hab ich mal zwei Wochen keinen Sport gemacht – da war Trainingspause. Und ich hab danach auf einmal doppelt so viele Einarm-Klimmzüge gemacht wie vorher – vorher gingen so knapp fünf und danach war ich k.o. Nach dieser Pause waren wir bouldern – also in der Kletterhalle – und danach haben wir aus Jux mal Einarm-Klimmzüge probiert. Und ich hatte links zehn und rechts zehn. Da dachte ich: „Das kann doch nicht sein! Wo kommt das her?"

Ich hatte die Zwei-Wochen-Pause gemacht und ich war grundsätzlich sehr entspannt – und das war der Effekt davon.

Man muss sich natürlich anstrengen, damit man dem Körper ein Signal gibt, dass bestimmte Muskeln noch Verstärkung brauchen, aber danach muss man dem Körper auch Zeit geben, diesen Auftrag dann auch umzusetzen.

Auf mentaler Ebene ist das natürlich genauso. Man kann nicht die ganze Zeit trainieren und Projekte machen – man muss sich auch mal zurückziehen und Zeit für sich haben und entspannen und so ...

Danach ist dann wieder die Kapazität für Action da – die Batterien sind dann wieder aufgeladen.

3. lustig

♊

Die dritte Art des Lernens wird durch die Neugier gefördert. Wenn etwas neu, unerwartet oder lustig ist, ist es keinerlei Problem, diese Sache auch zu verstehen und sie sich diese Sache auch zu merken.

Daher ist es am einfachsten, Dinge im Spiel zusammen mit anderen zu lernen – je mehr Trubel nebenher, desto besser. Schließlich hält Abwechslung wach und macht die Dinge interessant.

Es hat sich gezeigt, dass das Spiel wesentlich für das Lernen ist – man erfasst die Dinge beim Spiel auf sehr direkte Weise. Es hat sich gezeigt, dass die intelligentesten Lebewesen – das sind die Menschen, die Affen, die Delphine, die Raben, die Krähen und die Papageien – bis ins hohe Alter hinein spielen und daher auch weiterhin dazulernen.

Diese Wachheit, diese Neugier und dieses Lernen durch die Begegnung mit Neuem und Fremdem führen letztlich auch zum Forschen und zu einer ständigen Weiterentwicklung der Intelligenz. Dieser Stil, der die Methode „Versuch und Irrtum" benutzt, hat überhaupt nichts gegen Irrtümer einzuwenden, da er durch Irrtümer genauso viel lernt wie durch eine richtige Einschätzung.

Diesen Lernstil kann man durch Ausflüge, Besichtigungen, Begegnungen mit anderen Kulturen und ähnlichem anregen.

Als Lehrer ist es wichtig, dass man diesen Schülern viel Abwechslung bietet, dass man Scherze und Witze macht, unerwartete Wendungen im Verlauf einer Unterrichtsstunde einschlägt und den Schüler immer wieder durch Neues aufweckt und sein

Interesse bindet.

Dieser Typ von Schüler spielt auch gerne mit Wissen, dreht es mal um, kombiniert es mit etwas anderem, benutzt es für etwas anderes … Daher sind Anregungen zum „Spielen mit Wissen" etwas, womit man solche Schüler begeistern kann. Allerdings läuft man dabei Gefahr, dass die übrigen Schüler schon nach kurzer Zeit nicht mehr wissen, worum es in dem verbalen Ping-Pong-Spiel zwischen dem Lehrer und diesem Schüler mit dem Zwillings-Lernstil überhaupt geht …

Der ideale Lernort für diesen Typ ist überall dort, wo was los ist, wo es etwas Neues zu sehen gibt, wo es etwas Unbekanntes zu erkunden gibt. Daher wäre eine Art „Reise-Schule" für ihn optimal, die ständig woanders ist. Vielleicht mal ein Jahr auf einem Dreimaster verbringen, auf dem man lernt und ständig neue Orte sieht? Der Zwilling-Lerntyp wird die alte Tradition der Lehr- und Wanderjahre sicherlich gut finden, bei der man zwar zunächst bei einem einzigen Meister als Lehrling lernte, aber anschließend durch das Land wanderte und eine Zeitlang mal hier und mal da bei etlichen anderen Meistern lernte und viele verschiedene Orte und Menschen kennenlernte.

Die Lernmittel, die dieser Lerntyp braucht, sind vor allem die Vielfalt und die Abwechslung, die zwar möglichst angenehm sein sollte, aber die nicht unbedingt eine besondere Auswahl sein muss. Schließlich möchte dieser Typ – bildlich gesprochen – auf seinem Segelschiff in die Welt hinausfahren und das Süße und das Saure schmecken und sehen, wie Regenbogen-bunt die Welt ist. Sein Lieblings-Lern-Werkzeug ist die Begegnung mit dem Unbekannten.

In der klassischen Kategorisierung ist der Zwilling ein auditiver Lerntyp.

Freies Lernen

(von David Eilenstein)

Das ist das, was in unserem Training der Grundbaustein ist. Natürlich ist man limitiert durch die Hindernisse, die man da hat, aber man nimmt immer wieder mal was anderes dazu oder man macht mal was anderes damit. Es gibt im Prinzip eine Ba-

sis-Idee, die feststeht – das ist sozusagen die Stage – aber wenn dann einer sagt „Ich will mal da drüben was probieren.", dann macht der das. Das ist kein Thema.

Zunächst sagen wir denen „Probiert's erst mal aus.", damit die selber sehen, was das für ein Hindernis ist, damit die ein Gefühl dafür kriegen. Und wenn jemand merkt, er hat an einer Stelle ein Problem, dann schauen wir danach, oder wir geben Tipps, wenn wir sehen, dass da was komisch aussieht. Oder wenn jemand fragt „Wie soll ich das machen?", dann schauen wir zusammen mit ihm.

Im Parcour-Training ist das noch freier als im Ninja-Training. Da fragen wir am Anfang: „Worauf habt ihr Bock?" und dann bauen wir die nötigen Hindernisse dafür auf und dann machen die das.

Wir gehen immer auf die Leute ein, die trainieren. Wir machen das Training ja nicht, weil wir den Leuten etwas andrehen wollen, sondern weil die etwas lernen wollen. Wir machen das zusammen, weil wir alle besser werden wollen im Ninja-Sport. Dann schauen wir, welches Ziel gerade ansteht und was wir dafür brauchen.

Wenn das freiwillig ist und die selber die Ziele festlegen, dann haben die ihre Initiative in der Hand, die bleibt bei ihnen, und dann macht das Spaß – und mit Spaß geht alles besser.

Im Parcour-Training waren viele Jugendliche zwischen 12 und 16 – diese Altersgruppe ist ja sonst kaum für Sportvereine zu begeistern, weil die in der Pubertät eben auf Kontra gebürstet sind. Aber da sie beim Parcour selber bestimmen können, was sie lernen wollen, gibt es nichts und niemanden, wogegen sie Kontra sein könnten. Sie bleiben selbstbestimmt – und deshalb kommen die auch in unsere Vereine.

4. innig

♋

Die vierte Art des Lernens beruht auf dem bildhaften Denken, das voller Gefühls-Assoziationen ist. Daher lernt man am besten, wenn man wahre Geschichten erzählt bekommt, die man innerlich miterleben kann. Dann muss man sich nicht bemühen, sich diese Dinge zu merken, sondern man wird sich wegen den Gefühlen in ihnen stets an sie erinnern können – die Dinge sind einem durch die wahre oder selber erlebte Geschichte vertraut geworden.

Für Menschen mit dieser Veranlagung werden auch Traumreisen hilfreich sein – sowohl um Dinge zu verstehen als auch, um sich Dinge zu merken.

Für diesen Lerntyp ist die Assoziation das zentrale Ordnungsprinzip in ihrem Gedächtnis. Sie erinnern sich immer an alles, was sie schon mal mit jemandem oder mit etwas erlebt haben und erlangen dadurch ein emotionales Bild dieses Menschen oder dieser Sache.

Umgekehrt benutzen sie auch die Visualisierung – also das innere Erschaffen von Bildern – als Hilfsmittel beim Lernen. Durch diese Bilder schaffen sie Ordnung in ihrem Unterbewusstsein, also in ihren inneren Bildern. Die Elemente in ihrer Erinnerung sind daher Bilder, Symbole und Urbilder – und deutlich seltener Begriffe oder Diagramme. Sie erschaffen sich auch für das, was sie sich merken wollen, innere Bilder.

Wenn sie sich einen Traum merken wolle, ist die folgende Methode für sie gut geeignet: Man wählt für jede wichtigste Szene ein Wort aus, prägt sich die Anzahl der Worte ein, und wählt dann noch ein zentrales Wort aus, das das Ganze zusammenfaßt. Natürlich werden diese Worte auch bildhaft imaginiert. Anschließend kann man dann weiterschlafen und wird sich dann am Morgen noch an den Traum erinnern können – wobei man von dem Zentral-Wort/Bild zu der Gruppe von Worten/Bildern zu dem eigentlichen Traum zurückfindet.

Bei dem Visualisieren kann man neben konkreten Bildern und Symbolen auch Logos, Labels, Cartoons, Szenenbilder, Schemata, Piktogramme, Assoziogramme und dergleichen mehr verwenden.

Diese visualisierende Art des Lernens lässt sich auch auf physische Vorgänge anwenden wie z.B. auf das Erlernen einer Riesenfelge am Reck. Dazu setzt man sich vor das Reck, schließt die Augen und imaginiert möglichst lebhaft das, was man da jetzt tun will. Das macht man solange, bis man genau spüren kann, wie sich jede kleinste Bewegung bei dieser Riesenfelge anfühlt. Anschließend kann man diese Turnübung deutlich besser durchführen als zuvor.

Die Kombination von Bildern und Inhalten kann auch auf Übersichten, Abläufe, Gliederungen und dergleichen ausgeweitet werden, die man sich dann bildhaft merkt. Auch Eselsbrücken, Assoziationsketten, Ideen-Ketten, Ereignis-Folgen, Geschichten und auch Rollenspiele sind dabei sehr hilfreich.

Selbst Zahlen kann man sich besser merken, wenn man z.B. die Zahlen von 1 bis 100 jeweils mit einem bestimmten Bild festverknüpft, das man sich dann anstelle der Zahl einprägt – Bilder sind für diesen Lerntyp einfach greifbarer als solch abstrakte Konstrukte wie Zahlen …

Auch die Schlüsselwort-Methode funktioniert bei diesem Typ recht gut. Wenn man eine Vokabel (z.B. englisch „mood" für „Stimmung") lernen will, wählt man das Wort aus der eigenen Muttersprache aus, das diesem Wort am ähnlichsten klingt (das wäre hier „Mut") und verknüpft dieses Wort fest mit der betreffenden Vokabel (z.B. einen mutigen Ritter mit dem Wort „mood") und das aus gewählte Muttersprachen-Wort („Mut") mit der Bedeutung der Vokabel („Mut" ist eine Stimmung" = „mood"), wodurch man eine Assoziationskette geschaffen hat, die von der Vokabel aus über ein Bild und ein ähnlich klingendes Muttersprachen-Wort bis zu der Bedeutung führt. Das klingt kompliziert, ist in der Anwendung aber einfach: Mood – Mut – Ritter – Mut ist eine Stimmung – „mood" = Stimmung".

Weiterhin sind für diesen Lerntyp genügend Schlaf und eine Lerngruppe förderlich.

Er kann weiterhin mithilfe von Traumreisen – also der der Verbindung von Wachen und Träumen – bewusst in sein inneres Erinnerungs-Archiv reisen und dort nach einer Erinnerung suchen.

Als Lehrer muss man solch einem Schüler Zeit lassen, sich an den Lehrer zu gewöhnen, mit ihm vertraut zu werden, sodass der Schüler sich öffnen und evtl. auch mal eine Frage stellen kann. Zeit lassen und dezente Aufmunterungen sind hier das beste Mittel zum Anregen des Lerneifers.

Wenn man als Lehrer tatsächlich die Zeit dafür haben sollte, kann man einem solchen Schüler das Wissen auch mithilfe von Märchen, und Geschichten nahebringen. Dieses Vorgehen ist für ein bildhaftes Denken weit leichter zugänglich als eine abstrakte Herleitung.

Der ideale Lernort für diesen Typ ist das eigene Heim und die eigene Familie, also der Ort, an dem ihm alles bekannt und vertraut ist. Der Krebs-Lerntyp geht zum Lernen nicht gerne „nach draußen", sondern bleibt lieber „drinnen". Das ist sowohl im wörtlichen als auch im übertragenden Sinne gemeint: Der Krebs braucht sehr viel Zeit dafür, das Erlebte in sich selber noch einmal zu betrachten und „wiederzukäuen", um es wirklich verdauen und bewerten zu können.

Die Lernmittel, die dieser Lerntyp braucht, sind daher vor allem die Geborgenheit und die Vertrautheit mit allen Menschen, die noch dabei sind. Sein Lieblings-Lern-Werkzeug ist das Bild …

In der klassischen Kategorisierung ist der Krebs ein visueller Lerntyp.

Imagination

(von David Eilenstein)

Ich weiß nicht, ob man das visuell machen muss – ich mach das visuell, weil ich eigentlich komplett bildlich denke. Ich habe gehört, dass das manche Menschen anders tun, aber das kann ich mir natürlich nicht vorstellen, wie das aussieht, wie man das macht, aber es scheint da auch andere Möglichkeiten zu geben.

Wichtig ist, dass man das spürt oder sieht oder was auch immer, was da kommt. Ich versuche immer am Start eines Parcours das Gefühl zu haben, dass ich das nicht zum ersten Mal mache, was da vor mir liegt. Ich überlege mir vorher genau, wie das aussehen soll, was ich da mache. Das geht bis ins Detail: Wie fasse ich die Leiste an?

Was hat die für einen Grip? Was ist mit diesem Seil? Was macht die Stange? Schwingt die? Dreht die sich? Lauter solche Sachen ... Wenn ich das alles schon im Gespür habe, dann kann ich dann nachher diesen Film ablaufen lassen – was natürlich nur geht, wenn das technische Grundverständnis da ist, wenn ich schon vorher weiß, was das Hindernis mit mir macht.

Ich sehe also, welches Hindernis da ist, welchen Raum ich für Bewegungen habe, wie ich die Bewegungen zusammenbauen kann, wie ich da kreativ werden kann – und ich schreibe sozusagen das Drehbuch für den Run im Voraus. Ich habe den fertigen Film im Kopf und weiß, so und so fühlt sich das an.

Es ist wichtig, dass ich diesen Film habe, aber ich denke dann nicht an ihn – es ist natürlich nicht so, dass ich ihn vergesse – aber ich bin dann bei dem Run ganz im Augenblick, also ganz bei dem Hindernis, in dem ich gerade bin. Ich lasse mich von meinem Film leiten, aber ich konzentriere mich nicht auf den Film, sondern auf das Hindernis.

Und wenn ich dann mal merke, dass der Film nicht passt, dann ändere ich mein Verhalten, meine Bewegungen. Dann mache ich es doch anders, wenn ich merke, dass der Film an dieser Stelle Scheiße war.

Aber dieser Film muss da sein, der muss irgendwo archiviert sein – wenn ich ohne den starte ... puh! Geht auch – aber ist bei weitem nicht so effizient.

Imagination gibt es auch im Detail. Im Parcour-Training war mal jemand, der immer wieder einen bestimmten Sprung über ein Hindernis versucht hat und der ihm einfach nicht gelungen ist.

Da habe ich ihm geraten, dass er sich vor das Hindernis setzt und sich vorstellt, über das Hindernis zu springen, und dass er das so lange macht, bis er jeden Handgriff, jede Körperspannung, jede Bewegung genau spürt. Das hat der dann eine ganze Weile gemacht und ist dann gesprungen – und es klappte mühelos.

Wenn ich selber bei einem Lauf gegen Ende völlig fertig bin und noch mal an eine Querstange springen muss, dann stelle ich mir vor, statt zwei Händen zwei „Hand-Haken" zu haben – oder was auch immer meine Hände gerade für eine Form an dem Hindernis vor mir brauchen. Das geht zwar nicht endlos, aber es hilft doch sehr. Ich sag dann zu mir selber: „Lieber Körper, Du kriegst das schon gebacken! Flieg mich einfach mal dahin!"

5. ichbezogen

♌

Die fünfte Art des Lernens erfordert den Ich-Bezug. Sobald man erkennt, was das mit einem selber zu tun hat, wieso man selber davon betroffen ist, und warum man selber das will, ist das Lernen kein Problem mehr. Sobald der Lernstoff zu einem Werkzeug für den Selbstausdruck geworden ist, ist dieser Lernstoff fest in einem selber verankert.

Dieser Lernstil will eigenständig und ungestört lernen – andere sind ja doch anders und lenken nur von einem selber ab.

Er lernt alleine, ist ein Autodidakt, hat eine hohe Motivation (wenn er lernt), er lernt selbstbestimmt, wählt selber seinen Lernstoff aus, erlebt sein Lernen nicht als Lernen sondern als ein Selber-wissen-wollen.

Sein Wissen ist daher in hohem Maße selbstorganisiert und er ist in der Lage, sein Wissen zu verarbeiten und zu vertiefen.

Ihm ist seine Autonomie sehr wichtig, die er fast immer auch für die Selbsterkenntnis nutzt. Er bevorzugt sehr deutlich die Freiarbeit und das eigenständiges Lernen an einem selbstgewählten Thema.

Er braucht individuellen und Schüler-orientierten Unterricht – er muss selber beim Lernen der Mittelpunkt sein. Er kann auch durch Lehren lernen und sein Wissen dadurch, dass er Vorträge hält, festigen und vertiefen.

Hat er nicht diese große Freiheit im Lernen, wird er wahrscheinlich Widerstände gegen das Lernen entwickeln.

Als Lehrer eines solchen Schülers muss man sich immer ganz auf diesen Schüler einstellen, ihn in die Mitte stellen, ihn direkt ansprechen und ihn aufmuntern, in der Ich-Form zu sprechen. Nur diese Ich-Form gibt dem Schüler die Möglichkeit, den Lernstoff auch tatsächlich dauerhaft zu integrieren.

Eine alternative Möglichkeit des Lehrens ist bei diesen Schülern der Bezug zu Biographen von berühmten Männern und Frauen, da der Schüler anhand dieser Biographien sehen kann, wie sich andere Menschen entwickelt und entfaltet haben – und der ungehemmte Selbstausruck ist letztlich die zentrale Motivation solcher Schüler.

Man kann diesen Schülern das Lernen auch dadurch erleichtern, dass man ihnen zunächst den Kerngedanken eines Wissensbereiches erläutert und dann den ganzen Wissensbereich von diesem Kerngedanken her ableitet. Das Bild der Eiche, die sich aus einer Eichel heraus entfaltet, ist für diesen Stil etwas sehr Inspirierendes.

Dieser Ansatz entspricht dem Königtum, dem Monotheismus und der Philosophie, die alle drei von einem Grundprinzip ausgehen und aus ihm heraus das ganze organische Gebilde – Königreich, Religion, Wissen – herleiten. Daher kann manchmal auch der Bezug auf das Königtum, den Monotheismus oder die Philosophie beim Unterrichten eines solchen Schülers weiterhelfen.

Der ideale Lernort für diesen Typ ist der Platz, wo er gerade selber ist, da er selber für sein Lernen das Wichtigste ist. Der Löwe-Lerntyp wird für das Erlenen von etwas, das nicht direkt etwas mit ihm zu hat, den Ort wählen, an dem das „Herz" dieser Sache ist, da er dadurch diese Sache am schnellsten verstehen kann.

Die Lernmittel, die dieser Lerntyp braucht, sind letztlich Anregungen, die ihn sich selber deutlicher machen. Wenn er Dinge erlernen will (oder sie zu seinem Leidwesen lernen soll), dann braucht er organische Gesamtdarstellungen, durch die er das Wesen des Themas erfassen kann, über das er etwas lernen will. Sein Lieblings-Lern-Werkzeug ist die Hilfe zur Selbsterkenntnis.

In der klassischen Kategorisierung ist der Löwe ein tätiger Lerntyp.

<u>Der eigene Stil</u>

(von David Eilenstein)

Du erkennst schon an der Bewegung, wer da gerade in der Stage ist. Es gibt schon eine bestimmte „Handschrift" in der Bewegung, die jeder hat.

Natürlich gibt es das, dass Athleten bestimmte Stärken und Schwächen haben, dass sie manches mögen und manches nicht. Ich habe zum Beispiel überhaupt kein Problem mit Leisten, ich kann auch an einer Fingerleiste langhangeln – das ist cool, das macht Spaß, das hab ich an dem Ninja-Gerüst in meinem Wohnzimmer geübt wie blöde – und wenn in einem Wettkampf irgendwo Leisten sind, dann ist mir das egal, dann hangel ich die schnell weg. Während viele andere sagen: „Ach Gott, Leisten! Wie ätzend! Hoffentlich komm ich da durch …“

So was prägt natürlich den Bewegungsstil. Wenn dann ein anderes Hinder-nis kommt, was ich gar nicht mag – zum Beispiel so eine Drehscheibe – dann hänge ich da ultra-vorsichtig drin und passe noch dreimal auf, dass ich ja nicht rausfalle, während ein anderer da einfach dranspringt, den Schwung noch für die Rotation nutzt, sich noch einmal dreht und dann rausspringt – da ist der schnell fertig. Das würde ich niemals machen, dafür hab ich viel zu viel Respekt vor den Dingern.

Da sieht man natürlich, was jemand draufhat – das ist völlig unterschiedlich – und andererseits siehst Du aber auch den Stil daran, wie jemand schwingt oder so. Wenn jemand an einer Stange hängt und schwingt – das machen die Leute auch schon unterschiedlich.

Ab einem gewissen Skill-Level ist es schon so, dass es ähnlicher wird – einfach, weil jeweils eine bestimmte Technik am effizientesten ist. Aber auch da gibt's manchmal mehrere Möglichkeiten – das ist dann wieder eine Stilfrage. Aber in den höheren Skill-Leveln konzentriert sich das dann aber meistens auf eine bestimmte Technik.

Es gibt bestimmte Moves, die sind typisch für bestimmte Leute. Ich habe zum Beispiel den Ruf, dass ich immer Shortcuts finde, also Abkürzungen. Wenn irgendwo eine Re-gellücke ist, wenn man irgendwo etwas überspringen kann, wenn man irgendwo weniger Kraft verballern kann, dann bin ich inzwischen berüchtigt dafür, dass ich das dann auch finde und mache.

Das war z.B. mit dem „UFO“ so, also mit der Scheibe, die sich gedreht hat, an der ich dann statt zu springen, einfach gehangelt habe. Alle springen da, aber ich mag das nicht. Ich weiß aber, dass ich eine gute Griffkraft habe, dass ich die mit den Fingern so zusammenquetschen kann, dass mir die nicht wegrutscht, dann bin ich durch-gehangelt. Dann kamen natürlich die Kommentare: „Das ist typisch David!“ Die Lücken im System finden kann ich ja auch in anderen Bereichen ganz gut.

Oder beim Pegboard – dieses dicke Brett mit den Löchern, in die man die Stäbe stecken muss, an denen man sich dabei festhält – das kann man ja auch auf ganz verschiedene Arten machen. Du kannst das im Block machen, d.h. Du hängst mit angespanntem Bizeps und krummem Arm da dran und steckst einen Stab nach dem anderen weiter an dem Board, um Dich dann an diesen Stäben vorwärts hängend weiterbewegen zu können – das dauert ewig ... Du kannst aber auch die Fingerspitzen in Bewegungsrichtung drehen, seitlich Schwung holen, dann – wenn Du am linken Arm hängst – den rechten Arm unter dem linken durchziehen, gucken, dass man noch so viele Löcher wie möglich überspringen kann und dann den Peg (Stab) da rein stecken – dann kann man da im Prinzip am langen, gestreckten Arm hangeln. Das spart Kraft und geht viel schneller – das muss man halt geübt haben.

Und immer, wenn in einer Competition irgendwo ein Pegboard ist, muss ich mir Sprüche anhören, dass ich das bitte in möglichst wenigen Zügen machen soll ... Und bei der Sicherheits-Einweisung kommt garantiert von irgendjemand die Frage: „Muss der David da jedes Loch benutzen?“

Das wissen inzwischen alle – wenn da ein Pegboard ist, dann bin ich da – Zack! – durch, weil das mein Ding ist. Das ist cool – und mein Wohnzimmer ist ja auch voll von den Pegboards – das muss ja auch was bringen ... Bei den meisten anderen sind die Pegboards nicht so beliebt ...

6. präzise

♍

Die sechste Art des Lernens ist die präzise Darlegung, die alle notwendigen Details enthält und zusätzlich noch die eine oder andere amüsante Anekdote. Alle diese Informationen müssen auf handwerklich saubere und präzise Art dargelegt werden. Und der Lehrende muss in der Lage sein, auf alle Detailfragen sicher antworten zu können. Hier ist Sachkundigkeit gefragt.

Bei diesem Lerntyp spielt das persönliche Wissensmanagement eine große Rolle. Er schätzt z.B. Merksätze wie „**E**ine **a**lte **d**umme **G**ans **h**at **E**ier.". Diese sechs Anfangsbuchstaben geben die Tonhöhe der sechs Gitarrensaiten an.

Zum Einprägen von Zahlen wird manchmal ein System benutzt, bei dem der Betreffende sich für jede Zahl 1-100 ein bestimmtes Bild eingeprägt hat: z.B. für die 1 eine Ente, für die 2 einen Zwerg, für die 3 einen Dackel, für die 4 ein Viertel-Kuchen, für die 5 ein Fohlen usw. Dabei ist es hilfreich, wenn die Anfangsbuchstaben der Zahl und des Bildes gleich sind. Durch dieses Verfahren kann man sich auch Zahlen als Bilder merken – was deutlich einfacher ist.

Dieser Lerntyp will sein Wissen kontrollieren, die Informationen korrigieren, die Details zusammenfügen und durch Einzelheiten ergänzen. Ihm ist die Ordnung der Wissensbereiche wichtig, weshalb er Übersichten, Inhaltsverzeichnisse, Übersichten, Mindmaps, systematische Darstellungen u.ä. anlegt. Oft hilft es ihm, Informationen aufzuschreiben, um sie sich einzuprägen. Er kann sich am besten logische, schlüssige Dinge merken und Dinge, die er anhand eines Experimentes ganz konkret erlebt hat.

Er lernt absichtlich, gezielt und Problem-orientiert. Er korrigiert Handlungsmuster und entwickelt sie weiter – er benutzt gerne „Kontrollschleifen". Sein Lernverfahren besteht oft aus den Schritten „Begriffsklärung – Themenfindung – Problemklärung – Brainstorming –Hypothese – Ordnen – Ziel – Forschen – Synthese – Ergebnisse."

Ein wichtiges Hilfsmittel ist das Anlegen eines Gedächtnis-Palastes. Dieses innerlich imaginierte Gebäude enthält viele systematisch angeordnete Räume, die alle ein bestimmtes Thema haben. In jedem Raum sind Regale, auf denen Pergamente, Notizblätter, Zeichnungen, Bilder, Bücher usw. liegen. Dieser Gedächtnis-Palast wird nach und nach mit allen Informationen gefüllt, die man jederzeit zugänglich haben will. Diese Erinnerungen werden in diesen inneren Räumen auf einem bestimmten Regal in einem bestimmten Raum imaginiert, wo man sie dann jederzeit wiederfinden kann.

Dieses auch als „Loci-Methode" („Orts-Methode") bezeichnete Verfahren wurde bereits um ca. 350 v.Chr. von Aristoteles beschrieben. Sie spielt auch eine große Rolle in einigen indischen Yoga-Richtungen und vor allem im tibetischen Buddhismus, in dem nach diesem Verfahren riesige Mengen an Wissen auswendig gelernt werden. Die Yogis in Indien und die Lamas in Tibet legen sich auf diese Weise ganze innere „Präsenz-Bibliotheken" an.

Dabei benutzen die Yogis und Lamas manchmal auch Mandalas als Ordnungssystem in dieser inneren Bibliothek. Das Ordnungsprinzip solch einer Mandala-Bibliothek können die fünf Dhyani-Buddhas sein, aber man kann dafür auch die fünf Elemente plus die Quintessenz, den Tierkreis, den kabbalistischen Lebensbaum, das chinesische Ba Gua, das indische Vastu Purusha und ähnliche Strukturen, die die Welt systematisch in verschiedene Bereichen einteilen, benutzen.

Ein spezieller Gedächtnis-Palast ist die zeitlich geordnete innere Bibliothek. Dabei gibt es für jedes Jahr ein Gebäude, das zwölf Räume für jeden Monat enthält, in dem wiederum bis zu 31 Plätze für jeden Tag sind.

Wenn die Methode des Gedächtnis-Palastes mit der Schlüsselwort-Methode kombiniert wird, ermöglicht das das Auswendiglernen ganzer Wörterbücher mit über 60.000 Einträgen.

In der „Sherlock Holmes"-Fernsehserie mit Benedikt Cumberbatch und Martin Freeman benutzt Sherlock Holmes mehrmals solch einen Gedächtnis-Palast. Cumberbatch benutzt diese Methode auch in dem MCU-Film „Dr. Strange".

Als Lehrer sollte man bei einem solchen Schüler stets klar und präzise sein und den zweiten Schritt immer erst dann gehen, wenn der Schüler den ersten Schritt verstanden hat. Dieser Lerntyp beginnt bei einem Detail und geht dann zum nächsten Detail

über und erwirbt sich so allmählich einen wachsenden Überblick. Auf diese Lernmethode sollte auch der Lehrer bei der Wissensvermittlung eingehen.

Der ideale Lernort für diesen Typ ist die Werkstatt, in der das hergestellt wird, über
das er etwas lernen will – oder der Ort, an dem das geschieht, was er verstehen will.
Der Jungfrau-Lerntyp braucht einen Praktikums-Ort – am besten einen Praktikums-
Ort für jede Sache, die er erlernen will.

Die Lernmittel, die dieser Lerntyp braucht, sind im Grunde gar keine Lernmittel, sondern die praktische Erfahrung mit dem, was er erlernen will. Man braucht so einem
Schüler also nichts Besonderes zu geben, sondern ihn nur dorthin zu bringen, wo das
geschieht, was er lernen will – und ihn dann dort selber mal probieren zu lassen. Sein
Lieblings-Werkzeug ist das Mikroskop.

In der klassischen Kategorisierung ist die Jungfrau ein haptischer Lerntyp.

<u>Verstehen</u>

(von David Eilenstein)

*Da gibt es zwei Perspektiven: zum einen, die Perspektive dessen, der das Hindernis
baut, und zum anderen die Perspektiven dessen, der das Hindernis benutzt.*

*Für den Hersteller gibt es viele Aspekte: Wie man es baut, welche Materialien man
benutzt, in welchem Winkel man die Fingerleiste anschraubt, welcher Lack abplatzt,
welcher nicht, welcher andere Schäden bekommt, welcher Lack rutschfest bleibt, wel-
che Schrauben man benutzt, welche Sicherheits-Schraubenmuttern, welche Unterleg-
scheiben, welche Lager man benutzt, welche Achsen, welchen Wellendurchmesser
usw. Da könnte ich jetzt stundenlang erzählen, aber darum geht's hier ja nicht – aber
diese technischen Details muss man alle berücksichtigen. Man muss dabei überlegen:
„Was will man damit tun und was muss das Ding aushalten?"*

*Was es aushalten muss, ist relativ einfach. Wenn man sich das überlegt, dann gibt es
da den Athleten, der hat bis zu 100kg Gewicht; dann gibt es da viele Schwünge,
Fliehkräfte und ähnliches, d.h. ein Hindernis muss einen Zug von 300kg aushalten –
und dazu dann noch ein bisschen Sicherheits-Spielraum.*

Dann muss man schauen, was es tun soll – z.B. in Ruhelage so und so liegen. Wenn man dranschwingt, soll es das und das tun. Die meisten Hindernisse haben ja bewegliche Teile – da gibt es dann verschiedene Sachen, die interessant sind. Soll es sich leicht drehen oder schwer? Wo sitzt die Achse? Wo der Griff? Was soll passieren, wenn man an dem Griff hängt? Manche Hindernisse haben auch zwei verschiedene Schwerpunkte, wenn sich an ihnen ein Gewicht befindet, das verrutschen kann – die haben dann nicht nur ein stabiles Equilibrium, sondern zwei.

Wenn Du nun an ein Hindernis springst und die Griffe packst, dann tut das Hindernis irgendwas. Angenommen, man hat ein Rad, an dem die Griffe im Ruhezustand seitlich an dem Rad sind, also nicht unter der Achse, sondern seitlich daneben. Wenn man dann an die Griffe springt und an ihnen hängt, dreht sich das Rad so, dass die Griffe unten, also unter der Achse sind. Der Schwerpunkt von dem leeren Rad verschiebt sich, wenn der Athlet an den Griffen hängt, und das Rad dreht sich, bis der Athlet, der der neue Schwerpunkt ist, unter der Achse hängt.

Wenn man an solch ein Hindernis springt, sollte man schon vorher verstanden haben, was dann passieren wird. Wenn man das Drehen des Rades und den Ruck, der dabei entsteht, nicht erwartet, rutscht man ab und liegt unten im Wasser. Wenn man den Ruck jedoch erwartet, kann man sich selber in die passende Körperlage bringen und den Ruck nutzen um Schwung zu bekommen. Man sieht bei den Shows sehr gut, wer dieses technische Verständnis hat und wer nicht – da wundern sich dann manche, was da passiert und rutschen ab – plopp ... Die machen dann nichts mit dem Hindernis, sondern das Hindernis macht was mit denen.

Wenn da z.B. mehrere Stangen hintereinander hängen und ich springe an die erste, hänge dann da, mache einen Zwischenschwung, springe an die nächste, hänge dann da usw. – dann brauche ich sehr viel Zeit und sehr viel Kraft. Wenn ich jedoch auf die richtige Weise schwinge, die Füße hinter mich werfe und jederzeit weiß, wo mein eigener Schwerpunkt ist, dann kann ich von einer Stange fließend zur anderen schwingen ohne dazwischen innezuhalten. Wenn man das nicht so fließend macht, braucht man länger, es zieht viel mehr in den Händen, man hängt mit dem Schwerpunkt weiter unten und man ist am Ende k.o.

Dann gibt es noch die Eigenfrequenz – die ist noch interessant. Alle Dinge haben eine Eigenfrequenz, die man nicht ändern kann – außer man verändert die Dinge selber und macht sie länger o.ä. Das gilt natürlich auch für die Athleten selber: lange Athleten haben eine langsamere Frequenz, d.h. sie brauchen länger, um von vorne nach hinten zu schwingen, als kurze Athleten. Ich muss also meine Eigenfrequenz kennen und genau in der schwingen, denn wenn ich eine andere Frequenz versuche, vergeude ich nur meine Kraft und erreiche nichts. Wenn man versucht, ein Kind auf der Schaukel plötzlich 50% schneller zu schaukeln, dann geht das nicht – das ruckelt wie blöd und das Kind fällt runter.

Diese Frequenz des Athleten hängt auch davon ab, wie lang das Hindernis ist. Wenn man z.B. an einem langen Seil hängt, wird die Frequenz kleiner – man schwingt langsamer; und wenn das Seil kurz ist, wird die Frequenz größer – man schwingt schneller.

Daher ist es ganz wichtig, dass man ein Gespür dafür entwickelt, wie die Eigenfrequenz eines Hindernisses ist, wenn man selber an ihm hängt, und dass man nicht versucht, dem Hindernis irgendeine Frequenz aufzuzwingen, sondern so schnell wie möglich spürt, was die Eigenfrequenz eines Hindernisses ist, und genau da mitgeht und genau die sozusagen supportet. Man greift die Eigenfrequenz des Hindernisses auf und führt dieser Frequenz Energie zu – das ist am energiesparendsten. Wenn man jedoch eine andere Frequenz zu erreichen versucht, vergeudet man nur seine Energie – und das Hindernis macht störrische und bockende Bewegungen und wirft einen dann manchmal ab.

Du hast ja Energie in verschiedenen Energieformen vorliegen – die beiden wichtigsten sind kinetische und potentielle Energie. Da haben wir mal ein Hindernis aufgebaut, da haben die im Training regelmäßig Augen gemacht, warum das denn bloß funktioniert. Das war ein Slider, also eine 5m lange, leicht schräg liegende Stange, an der ein Ring hing, an dem man sich festhalten kann. Normalerweise startest Du dann am oberen Ende, das ca. 1m höher liegt, und rutschst mit dem Ring nach unten. Dabei wird dann die potentielle Energie von dem 1m Höhenunterschied in kinetische Energie, also in Bewegungsenergie umgesetzt – das Rutschen wird dadurch immer schneller. Unter schlägst Du dann an und es macht „Dong“ und die kinetische Energie kann nicht weiter und löst sich in Erschütterungen, Klang und Wärme auf.

Man kann jedoch auch von unten nach oben gleiten. Wenn Du von hinten oben nach unten und nach vorne schwingst, kommt der Schwerpunkt nach unten, d.h. Du verwandelst Deine potentielle Energie in Schwung, d.h. in kinetische Energie um: Der Schwerpunkt Deines Körpers geht nach unten, was zu kinetischer Energie, die nach vorne oben gerichtet ist, wird. Zugleich sorgt auch noch die Impulserhaltung dafür, dass Du Dich nach vorne und nach oben bewegst. Das sieht dann ziemlich unmöglich aus, aber ist physikalisch vollkommen normal – nur eben ungewohnt. So etwas gelingt am ehesten, wenn man die Physik hinter den Bewegungen versteht. Da haben die Leute im Training dann manchmal schon gedacht, ich könnte zaubern – aber das war einfach nur verstandene und angewandte Physik.

Beim Abwärts-Rutschen verwandelt man potentielle Energie in kinetische Energie; beim Aufwärts-Rutschen verwandelt man die kinetische Energie des Schwunges in potentielle Energie.

Sowas versteht bei den Ninjas kaum einer – aber das spart Arbeit und ist daher sehr nützlich.

Alexander Hille hat mal gesagt: „Ninja ist kein Glück." Alles, was geschieht (nicht nur im Ninja), geschieht nur deshalb, weil man bestimmte Dinge tut, die funktionieren – oder eben auch mal nicht funktionieren. Man ist für alles, was geschieht, selber verantwortlich.

7. schön

Ω

Die siebte Art des Lernens beruht auf der Schönheit der inneren Zusammenhänge des Wissens, auf dem Gleichmaß der Erkenntnisse, auf den Analogien in allen Dingen, auf der Harmonie der grundlegenden Prinzipien.

Das Wissen sollte wie in einem ästhetischen Glasperlenspiel wie in Hermann Hesses gleichnamigem Roman vorgetragen werden. Dabei können als Vergleichs-Raster die Astrologie, der Tierkreis (wie in dieser Buch-Reihe), der kabbalistische Lebensbaum, das chinesische Ba Gua, das indische Vastu Purusha, das indianische Medizinrad oder noch etwas anderes verwendet werden.

Hier werden diese allgemeinen Ordnungssysteme nicht dafür benutzt, um Wissen sinnvoll zu ordnen (also anders als nur rein alphabetisch), sondern um alle Einzelheiten als organische Teile eines großen Ganzen darstellen zu können – es geht um die „Lyrik der Erkenntnisse" und um die „Ästhetik des Wissens". In Hesses „Glasperlenspiel" benutzt der „Magister Ludi" (Spielmeister) in einem Fall das chinesische Ba Gua.

Dieser Lerntyp benutzt generell gerne Vergleiche und Analogien – auch zur Informatik – um Dinge zu verstehen und sie sich merken zu können.

Mithilfe solcher Analogien kann er auch Erkenntnisse in einem Bereich auf andere Bereiche übertragen. Dieser Wissenstransfer wird natürlich sehr stark erleichtert, wenn der Betreffende sein Wissens bereits mithilfe des Lebensbaums, des Tierkreises, des Ba Gua oder eines anderen Prinzips geordnet hat, denn dann weiß er einfach schon dadurch, dass er sieht, in welchen der elf Kreise des Lebensbaumes, zu welchem der zwölf Zeichen des Tierkreises oder zu welchem der neun Quadrate des Ba Guas usw. eine Sache gehört, welchen generellen Charakter diese Sache hat.

Diese Methode hilft auch, Lücken zu sehen: Habe ich alle zwölf Tierkreis-Stile berücksichtigt? Habe ich alle neun Dynamiken des Ba Gua erkannt? Habe ich alle elf

Strukturen des Lebensbaumes gefunden? Diese Methode fördert das vollständige Erfassen eines Themas.

Wenn man diese Ordnung des eigenen Wissens systematisch benutzt, ist man in der Lage, auch komplexe Themen sehr schnell zu erfassen. Diese Ordnungssysteme lassen sich zudem auch dafür benutzen, Wissensbereiche anschaulich darzustellen. Während der vorige Lernstil (Jungfrau) dabei vor allem die Ordnung wertschätzt, kommt es diesem Lernstil dabei auf die Übersichtlichkeit, die Vollständigkeit, die Harmonie und die Schönheit des Wissens an. Aufgrund dieser Neigung schätzt dieser Lernstil auch die Vermittlung der Kernsätze von Wissen in der Form von Reimen oder kurzen Gedichten.

Dieser Lerntyp ist generell bestrebt, Wissen in eine harmonische, schlüssige, anschauliche und verständliche Form bringen – dann kann er sich das Wissen deutlich besser merken. Solche anschaulichen Darstellungen werden durchaus auch in den Naturwissenschaften sehr geschätzt – das bekannteste Beispiel sind wahrscheinlich die Feynman-Diagramme, mit denen die Vorgänge im Bereich der Elementarteilchen dargestellt werden können.

Diesem Typ ist es am liebsten, zusammen mit einem Freund zu lernen. Er kommt am leichtesten – wie Sokrates, der Begründer der Philosophie – im Gespräch zu Erkenntnissen.

Es gibt noch eine ganz spezielle Form des Lernens: die direkte Übertragung von Wissen oder von Fähigkeiten. Dieses Verfahren wird in Indien „Darshan" genannt. Dabei geht der Lehrer innerlich in den gewünschten Bewusstseinszustand und nimmt dann den Schüler mit in diesen Zustand. Auf diese Weise kann der Schüler z.B. die innere Stille erlernen, bei der im Bewusstsein keine Bilder, Gedanken oder Gefühle mehr sind, sondern nur noch Bewusstsein, das sich seiner selbst bewusst ist. In Hesses „Glasperlenspiel" benutzt der Musikmeister manchmal diese Methode. In der Bibel verwendet der Prophet Elias dieses Guru-Verfahren, um seine magischen Fähigkeiten seinem Schüler Elisa zu übertragen.

Als Lehrer sollte man solche Schüler zum Lernen einladen, man sollte sie direkt ansprechen und eine Verbindung zu ihnen herstellen. Des Weiteren sollte man reichlich Gebrauch von Vergleichen, Analogien und kurzen Zitaten aus Gedichten machen.

Möglicherweise sind für solche Schüler auch Hinweise auf die Tierkreiszeichen und die Astrologie hilfreich, weil dies ein harmonisches Ordnungssystem ist, das den meisten zumindest in groben Ansätzen bekannt ist.

Der ideale Lernort für diesen Typ ist das Wohnzimmer, in dem er mit seinem besten Freund oder mit seiner besten Freundin sitzt und sich konzentriert, aber zugleich offen und entspannt unterhält. Er kann sich auch auf andere Orte einlassen, aber das Wohnzimmer ist der natürliche Lernort für ihn. Der Waage-Lerntyp kann sich natürlich mit seinem Freud oder seiner Freundin auch an den Lieblingsorten dieser beiden treffen oder sich mit ihnen auf einem gemeinsamen Spaziergang oder einer Wanderung auf den Lieblingswegen der beiden unterhalten.

Die Lernmittel, die dieser Lerntyp braucht, sind nicht materiell: Sie sind das vertraute Gespräch mit Freunden … Sein Lieblings-Lern-Werkzeug ist ganz schlicht das aufmerksame Gespräch.

In der klassischen Kategorisierung ist die Waage ein auditiver Lerntyp.

Freundschaften und Gemeinschaften

(von David Eilenstein)

Da gibt es dieses Schlagwort von der „Ninja-Family". Das habe ich erst für ein Werbe-Gelaber von RTL gehalten – aber dieses Gemeinschaftsgefühl ist einfach überall da, wo sich Ninjas treffen.

Da war z.B. ein Athlet, der hat den Lauf fast geschafft und ist bis zur letzten Stage gekommen und war dann einfach völlig geschafft und konnte nicht mehr. Da hat die ganze Halle getobt und ist ausgerastet „Ja! Du schaffst das schon! Mach weiter!" Die haben ihn alle supportet – egal, wen der gerade hätte vom Siegertreppchen schmei-ßen können oder nicht. Das ist völlig egal – der hängt da und der kämpft und alle wollen, dass er es schafft!

Natürlich will auch jeder gewinnen, da hat jeder auch Ehrgeiz, aber eigentlich ist das Ganze ein großes Miteinander – und das ist im Gegensatz dazu in anderen Arten des Leistungssport, die ich jetzt hier nicht namentlich nennen will, völlig undenkbar.

Das spüren auch die Zuschauer – und die feuern nicht nur ihre Favoriten an, sondern alle.

Oder, wenn wir in der Halle eine Stage aufgebaut haben – bei den Wettkämpfen, die ich organisiert habe – da muss man immer wieder mal ein paar Matten rumschieben und so, wenn man von der einen auf die andere Stage umbaut. Ich habe, glaube ich, nur eine einzige Matte selber geschoben. Ansonsten habe ich durch's Mikro angesagt: „Wer Lust hat zu helfen von den Athleten oder den Zuschauern, der soll mal herkommen." Da kamen sofort fünf, sechs Leute und ich habe dann nur noch gesagt: „Die Matte muss dahin, die dahin, da muss das gemacht werden …" usw. Ich habe nur dirigiert und Zack!, Bumm!, war alles umgebaut! Wir haben keine zehn Minuten gebraucht, um die Stage umzubauen und es hat alles geklappt. Das ist bei den Ninjas einfach selbstverständlich, dass jeder mit anpackt.

Ich baue die Stages natürlich auch so, dass möglichst wenig zu resetten ist, aber ein bisschen gibt es doch immer zu tun. Bei einem Hindernis rutscht man z.B. mit einer Stange ein Stück weiter und diese Stange muss dann für den nächsten Athleten wieder zurechtgelegt werden. Da hat sich dann ein Mann an dieses Hindernis gestellt, hat seinen zehnjährigen Sohn auf die Schultern genommen, der dann oben an die Stange kam und die beiden haben die Stange dann nach jedem Lauf wieder in die Ausgangsposition gelegt.

Da kann man sich drauf verlassen, dass die Ninjas wie eine große Familie sind, dass die das zusammen, gemeinsam machen.

8. intensiv

♏

Die achte Art des Lernens ist nur motiviert, wenn sie mit heftigen Gefühlen verbunden ist, wenn sie sich also auf Kampf, Krankheit, Heilung, Sexualität, Spionage, Verbrechen u.ä. bezieht. Dann sind die Ohren auf einmal lang und offen.

Das Lernen muss bei diesem Typ mit Emotionen verknüpft sein: Er kann sich Dinge einfach besser merken, wenn sie mit Lachen, Humor, Schmerz, Erotik und dergleichen verknüpft sind. Er mag auch Diskussionsrunden, in denen es heiß her geht. Weiterhin kann er auch gut aus eigenen Fehlern lernen.

Er prüft auch stets sehr genau, ob das Wissen, das ihm vermittelt wird, wirklich wirksam und alltagstauglich ist.

Ein wirksamer Auslöser für sein Lernen ist oft auch Betroffenheit oder Problemdruck – eben eine Emotion. Er will die Kontrolle der Ereignisse haben und seine Lernmotivation ist zu einem guten Teil Machtstreben und die Vermeidung von befürchteten Gefahrensituationen. Er braucht stets die Einsicht in die Lernnotwendigkeit als Motivation.

Er benutzt auch die Konzentration, die Fixierung, die Einsgerichtetheit beim Lernen – generell strebt dieser Typ stets nach maximaler Intensität – auch beim Lernen.

Eine interessante Lernmethode, die sehr viel Zeit einspart und vor allem zum Auswendiglernen angewendet werden kann, erfordert ein wenig Übung in der Meditation. Bei dieser Methode geht man zunächst innerlich in die Stille, d.h. alle Gedanken, Gefühle, Bilder usw. schweigen und es ist nur noch das Bewusstsein übrig, das sich seiner selber bewusst ist. Dann bleibt man eine kurze Weile in dieser Stille. Auf diese Weise schafft man sozusagen innerlich einen weißen Bogen Papier. Nun schaut man auf den Text, den man lernen will, und prägt ihn sich stückweise ein. Man schreibt sozusagen diesen Text auf den inneren weißen Bogen Papier. Mit etwas Übung kann man auf diese Weise in zwei Minuten zwei Seiten Vokabeln lernen.

Dieses Prinzip wird auch bei Lernverfahren benutzt, die sich auf Hypnose, Selbsthypnose oder andere Trance-Verfahren stützen wie z.B. das Superlearning. Den Schamanen bei den Naturvölkern wurde oft das wesentlichste Wissen dadurch eingeprägt, dass sie gleichzeitig mit diesem Lernen etwas Extremes tun mussten oder erlebten. Das ist wieder das Verfahren der Verknüpfung des Wissens mit einer intensiven Emotion.

Dieses Verfahren ist ja aus dem Alten Preußen noch gut als „Zuckerbrot und Peitsche" bekannt. Das ist wieder die Konditionierung mithilfe von Belohnung (Stier) und Bestrafung (Skorpion).

Ein wichtiges Thema ist auch das Umlernen eines alten Verhaltensmusters. Das kann sich auf Trauma und Traumaauflösung beziehen, aber auch ganz schlicht auf die die Einsicht, dass Strafen für das Verlernen von Sozialverhalten unwirksam sind, da sie das Verhalten nur emotional weiter aufladen, oder auf die Einsicht, dass Erlerntes am besten dadurch aktiv von außen her gelöscht werden kann, das man dieses Verhalten einfach nicht beachtet – was natürlich nicht bei allen Verhaltensweisen möglich ist.

Die alte Redewendung „sich etwas hinter die Ohren schreiben" geht darauf zurück, dass man früher Zeugen einmal kräftig an den Ohren zog, damit sie sich das Gehörte besser einprägten – der Schmerz intensiviert und stabilisiert die Erinnerung.

Als Lehrer solcher Schüler darf man durchaus auch schon mal ein wenig sticheln oder die Schüler ein wenig provozieren, denn das wird ihre Aufmerksamkeit und somit auch ihre Diskussions- und Lernbereitschaft deutlich erhöhen. Auch dezente erotische Anspielungen oder ein kurzes Erschrecken können diese Funktion erfüllen.

Weiterhin spricht dieser Lerntyp gut auf kernige Sinnsprüche, Slogans, Mottos von Initiativen und dergleichen an. Diese Sprüche sollten schlicht, eingängig und leicht erfassbar sein. Wenn der Lehrer dann noch eine zweite, genauso eingängige und überzeugende Maxime mit einer ganz anderen Aussage neben die erste Aussage stellen kann und dadurch den Schüler in einen Widerspruch verstrickt, wird der Schüler ganz bei der Sache sein, um diesen Widerspruch für sich zu auflösen und dadurch wieder zu einer eindeutigen Einstellung zu gelangen.

Möglicherweise wird dieser Ansatz jedoch bei den anderen Schülern, die weniger forschend-kriegerisch eingestellt sind, für Verwirrung, Unruhe und ein wenig

Haltlosigkeit sorgen.

Doch das ist ja ein generelles Problem beim Lehren: Wie soll man zwölf Lerntypen gleichzeitig unterrichten? Und diese zwölf Lerntypen sind ja auch erst nur eine grobe Unterteilung …

Der ideale Lernort für diesen Typ ist der Diskussions-Kreis und die Selbsterforschung durch Experimente, zu denen durchaus auch Therapien, Meditationen, Magie und Drogen gehören können. Dieser Lerntyp glaubt etwas erst dann, wenn er es bis ans äußerste Extrem ergründet und erforscht hat. Der Skorpion-Lerntyp braucht das Streitgespräch, die Auseinandersetzung, die Gerichtsverhandlung, die detektivische Ergründung einer Situation, die strategische Planung, die taktische Ausrichtung, die Forschung und dergleichen mehr. Das ist der Bereich, in dem er am besten lernen kann.

Die Lernmittel, die dieser Lerntyp braucht, sind eher abstrakter Art: Motivationen, Widersprüche, Konflikte, Kriegsursachen und dergleichen. Er kann das Wesentliche oft vor allem an den hellsten und an den dunkelsten Seiten der Menschheit – und sich selber erkennen. Sein Lieblings-Lern-Werkzeug ist die bissig-ätzende Analyse.

In der klassischen Kategorisierung ist der Skorpion ein visueller Lerntyp.

Effektivität

(von David Eilenstein)

Wie schon gesagt: Die Bewegung ist dann effizient, wenn sie passend zur Eigenfrequenz ist. Und sie ist dann effizient, wenn man den passenden Schwung nimmt – also möglichst nur einen und dabei auch nur so viel Kraft wie nötig aufwendet.

Anfänger schwingen einmal, um an dem Gerät anzukommen. Dann schauen sie, wie sie hängen: „Ich hänge sicher – sehr gut!" Dann schwingen sie ein zweites Mal vorsichtig, um zu gucken, was da möglich ist. Dann schwingen sie ein drittes Mal, um die Richtung vorzugeben. Dann ein viertes Mal, um Power aufzubauen. Dann ein fünftes Mal, um zu gucken, ob die Power reicht. Und beim sechsten Mal lassen sie dann los und fliegen. Dabei sind dann locker 10, 15 Sekunden ins Land gegangen und man hat nichts getan und nichts erreicht.

Wenn man Übung hat, springt man einmal an das Hindernis, schwingt und schaut, ob das schon reicht, dann schwingt man noch einmal und zieht evtl. beim Hochschwingen die Knie an und streckt die Beine dann, wenn man hinten oben angekommen ist, aus, um noch mehr Schwung holen zu können und lässt dann los. Wenn man das dann noch mit der Eigenfrequenz macht, spart man sich sehr viel Zeit und Energie.

Tatsächlich wird die Effizienz schließlich das Wichtigste überhaupt, würde ich sagen. Ich sag den Leuten immer sehr früh, dass sie versuchen sollen, die Hindernisse zu connecten oder einen Schwung zu sparen. Die Leute glauben immer, dass sie auf Nummer Sicher gehen, wenn sie mehr Schwünge machen, aber das ist Bullshit! Sie denken, sie müssen mehrmals und schneller schwingen, dabei ist es viel schwerer, aber auch effektiver, einmal ein Schwingen wegzulassen.

Wenn ich wegen dem häufigen Schwingen für das Hindernis doppelt so lange brauche, dann kommt mir der Parcour als Athlet doppelt so lange vor, weil ich doppelt so lange brauche wie jemand, der zügig ohne Zusatzschwünge durchgeht. Wenn ich weniger Schwünge brauche, brauche ich weniger Zeit und weniger Kraft und bin dann gegen Ende des Parcours sowohl schneller als auch fitter.

Das muss man aber erst mal verstehen. Man muss schauen, was will der Parcour von mir? Was muss ich machen? Dann muss man das auch durchführen und nicht zwischendurch den Kopf einschalten und doch noch zur Sicherheit noch zweimal mehr schwingen. Man muss das auf die effektive Weise machen und durchziehen – damit man das „sendet", wie man im Ninja-Slang sagt.

Wir waren mal in einem Parcour-Park und da gab's so komische Hindernisse, die waren an Ringen aufgehängt und die hingen auch noch so überkreuz – da musstest Du schon genau hinsehen um zu verstehen, was da wie schwingt. Einer von uns hat das nicht hingekriegt – der ist da so'n bisschen rumgeeiert.

Ich habe mir das nur von außen her genau angesehen, ich selber hatte es noch nicht ausprobiert. Da hab ich gesehen, dass man sich so und so bewegen muss, denn dann zieht es einen da rüber, und dann hat man einen Schwung und dann muss man das und das machen, um den Schwung zu nutzen, und dann komm man um die Kurve. Dann hab ich ihm das so Kochrezept-mäßig erklärt: „Das und das musst Du machen." Dann bin ich dahin und hab's gemacht und genau so hat's funktioniert.

Da hat der Augen gemacht – ich hab's ja vorher noch nicht gemacht, ich hab's mir nur genau angesehen und ihm dann gesagt, was man da machen muss. Und dann hab ich's zum ersten mal gemacht – und es hat funktioniert. Der konnte das nicht fassen: „Was geht ab, eh? Du hast das genau erklärt, aber noch nie vorher gemacht!“

9. idealistisch

♐

Die neunte Art des Lernens braucht ein Ziel, ein Ideal, etwas, das mit dem Erlernten besser als ohne dieses Wissen erreicht werden kann. Das Lernen sollte also stets projektbezogen sein.

Dieser Schüler sieht stets eine Situation und sieht zugleich auch, wie diese Situation idealerweise aussehen sollte – und jegliches Wissen ist für ihn nur ein Werkzeug, um den „Ist-Zustand" in den „Soll-Zustand" verwanden zu können.

Das Lernen muss daher letztlich immer der Weltverbesserung dienen. Dieser Typ lernt stets proaktiv: Er erforscht die Zukunft und beugt möglichen Gefahren vor. Daher liegt ihm das Projekt-orientierte Lernen am meisten. Dabei entwirft er gerne Ziele, Leitgedanken und Richtlinien und ab und zu auch schon mal so etwas wie eine Beschreibung einer „corporate identity".

Als Lehrer muss man solche Schüler begeistern können. Dazu ist es natürlich notwendig, die Ideale dieser Schüler zu erkennen und sie zu wecken und dann dem Schüler zu zeigen, wie er diese Ideale mithilfe seines Lernens ganz konkret in seinem Leben verwirklichen kann.

Wenn das irgendwie möglich ist, sollte der Lehrer solch einem Schüler Gelegenheiten geben, sein Wissen anzuwenden und zu Erfolgserlebnissen zu kommen. Das ist letztlich die einzige wirkliche Motivationsquelle für diesen Lerntyp: Das, was mir hilft, dahin zu kommen, wo ich hin will, werde ich mit aller Kraft erlenen und zur Perfektion bringen – alles andere interessiert mich einfach nicht.

Auch hier helfen Beispiele von Menschen, die etwas Großes in Gang gebracht haben, die ihren Idealen treu gebelieben sind und dadurch etwas erreicht haben.

Der ideale Lernort für diesen Typ ist daher der Ort, an dem diese Art von Schüler etwas verändern will. Das kann daher im Grunde jeder Ort sein – eben genau der Ort, an dem etwas ist, was dieser Lerntyp anders haben will. Er lernt nur ganz konkret „vor Ort" und nicht theoretisch „in der Schule".

Der Schütze-Lerntyp braucht daher Praktika, Unterstützung bei seinen eigenen Projekten und Ambitionen. Er kennt schon die Orte, an denen er etwas ändern will – und das sind auch die Orte, an denen er wirklich etwas lernen kann.

Die Lernmittel, die dieser Lerntyp braucht, sind daher die Dinge, die er braucht, um einen ganz konkreten Zustand durch sein eigenes Eingreifen zu verbessern. Es gibt daher keine bestimmten Lernmittel, sondern nur die in der jeweiligen Situation benötigten Hilfsmittel.

Allerdings gibt es eine Kategorie von „erlernten Fähigkeiten", die er auf jeden Fall braucht: alles, was zur Rhetorik gehört. Das liegt darin begründet, dass es nur wenig gibt, was ein Einzelner erreichen kann. Folglich ist es im Leben dieses Lerntyps ständig notwendig, auch andere für die eigenen Ideale zu begeistern und sie – aus der Sicht dieses Lerntyps – aus ihrer Lethargie zu reißen und zum Handeln, zur Mitwirkung zu bewegen.

Daher sind die Rhetorik und ein möglichst gutes Verständnis für die Wirkung von Worten eines der wichtigsten Unterrichtsfächer für diesen Lerntyp – wenn dieses Fach denn dort, wo er lernt, überhaupt angeboten wird … Sein Lieblings-Lern-Werkzeug ist die anfeuernde Rede.

In der klassischen Kategorisierung ist der Schütze ein tätiger Lerntyp.

__Wachstum__

(von David Eilenstein)

Also – Ninja macht mit einem sowohl sportlich als auch persönlich ziemlich viel.

Ich erzähl zuerst mal was über das Physische – das ist offensichtlicher. Am Anfang geht man her und merkt: „Das ist aber schwer!" Dann lässt man es oder man ist angefixt und sagt: „Nächstes Mal mach ich's besser!" Am Anfang baue ich für die Leute auch einfachere Hindernisse auf, damit sie es auch schaffen – denn das macht Spaß und gibt ein Erfolgserlebnis.

Oft denken sie auch, das können sie nicht. Gestern beim Training hatten wir ein kleines Trampolin und dadrüber hing ein Ring, den man nach einem Sprung greifen sollte. Das hat einer probiert und probiert und es klappte einfach nicht. Dann hast Du auf einmal einen Freundenschrei durch die ganze Halle gehört. Da dachte ich: „Was ist denn jetzt passiert?!" Der hat sich so mega gefreut, dass er's geschafft hat! Natürlich macht das dann Bock, wenn so was immer wieder mal passiert!

Physisch ist das vom Trainingsverlauf her so, dass Du erst anfängst, an einzelnen Hindernissen zu üben.

Irgendwann fängst Du an Dinge zu übertragen: „Hier hab ich was gelernt – kann ich das da drüben auch benutzen?" Da machst Du dann diese Transfer-Leistung und stellst fest: „Oh, das sind ja dieselben Grundfähigkeiten, die ich hier überall brauche!"

Dann versucht man seine Ausdauer zu steigern und mehrere Hindernisse hintereinander am Stück, also einen kurzen Lauf, zu trainieren.

Dann kommt das Spielerische hinzu – dass das erst dann wirklich funktioniert, wenn man das richtige Mind-Set hat. Dann hat man kreative Ideen dazu.

Natürlich boostert das auch das Selbstvertrauen: „Ich kann was, was ich vorher nicht konnte!" Das heißt auch: „Ich kann etwas lernen, was ich vorher nicht konnte!" Das gibt dann auch Zukunftsvertrauen – und das ist cool!

Mental passiert natürlich auch viel, weil das ein Sport ist ... Also, Du kannst physisch noch so stark sein – aber wenn Dein Kopf nicht klar ist, dann geht das nicht bzw. dann ist es schwer. Also: Wenn Du locker von dem Trampolin an die Stange springen könntest, heißt das noch lange nicht, dass Du Dich das auch traust. Das musst Du erst mal klar kriegen – da musst Du erst mal rüberspringen – das kann am Anfang gruselig sein!

Über eine größere Distanz zu springen ist für jeden gruselig – klar. Aber es ist eben ein Parcour, ein Hindernislauf.

Da springt man dann und es hat nicht geklappt und beim nächsten Mal auch nicht. Aber irgendwann kommt dann der Punkt, da schafft man es. Manchmal dauert das eine ganze Weile und oft ist man am Anfang auch super-vorsichtig, aber nach den ersten Erfolgen kennt man die eigenen Fähigkeiten besser und hat mehr Selbstvertrauen und wird daher auch mutiger – und die Hindernisse werden plötzlich einfacher.

Das vorsichtig-Sein habe ich am Anfang auch gehabt – das habe ich beim Turnverein eingebläut bekommen damals ... Irgendwann habe ich mich gefragt, was denn passiert, wenn ich das direkt mache – und zu meiner Überraschung ging das viel besser.

Diesen Schritt habe ich schon bei einigen gesehen – dass sie auf einmal das nutzen, was sie können. Das heißt nicht unvorsichtig sein, sondern sich das Hindernis anschauen, die eigenen Fähigkeiten kennen und sie dann anwenden. Das ist immer ein Riesenschritt in der Persönlichkeitsentwicklung. Das ist typisch für den Ninja-Sport – und das hat eine Riesen-Auswirkung, weil man das dann ja auch in anderen Bereichen macht. Man wird mutiger, das, was man kann, überall in seinem Leben auch einzusetzen.

Das ist etwas, was der Ninja-Sport einem zwingend beibringt – da führt kein Weg drumherum – da lernt man sich selber kennen und Hindernisse genau anzusehen und mutig zu sein und nach dem Weg durch ein Hindernis zu suchen und mit allem klar zu kommen.

Also am Anfang war der Sprung vom Trampolin an die Stange etwas Gruseliges und jetzt macht es Bock, wenn man da ein Stück weit fliegt! Diese Air-Time ist einfach geil – diese Zeit, in der man sich frei in der Luft befindet. Das ist am Anfang grausam, man fühlt sich hilflos und verloren – aber irgendwann macht es einfach nur Bock, wenn man da durch die Luft fliegt.

10. verlässlich

VS

Die zehnte Art des Lernens benötigt als erstes eine sichere Autorität, deren Worten man trauen kann und deren Aussagen Verlass ist. Wenn das abgesichert ist und zudem der Nutzen des vermittelten Wissens klar ist – und sei es nur das Erlangen eines guten Zeugnisses – dann kann auch effektiv gelernt werden.

Dieser Typ braucht das formale und planmäßige Lernen z.B. in der Schule oder an der Universität. Ein institutioneller Kontext – Schule, Uni, Arbeitsplatz u.ä. – macht ihm das Lernen deutlich einfacher. Er schätzt die Einbettung in Lehrgänge und die Kommentare und den Rückhalt eines erfahrenen Lehrers. Er lernt durch das ihn überzeugende Vorbild. Da er sich an der führenden Autorität in dem jeweiligen Wissensgebiet orientiert, sind für ihn der Frontalunterricht, das Lehren, der Vortrag und die Vorlesung sehr willkommen. Er sucht auch Hilfe durch Nachhilfe und Lerncoaching und oft lernt er am besten unter äußerem Druck.

Sein Lernen baut auf dem bereits Erfahrenen und Gelernten auf, in das er das Neue einordnet. Er lernt auch gerne durch „Gewöhnung – Anwendung – Routine" Durch die Wiederholung festigt er sein Wissen: „repetito est mater studiorum" (Die Wiederholung ist die Mutter der Gelehrsamkeit.).

Er schätzt das Auswendiglernen, den systematischen, programmierten Unterricht, Lernkarteien, Lernaufgaben, Lernen nach Schema, das Üben und allmähliches Steigern des Lernpensums und andere solcherart stabile, regelmäßige und zuverlässige Methoden.

Ihm ist auch die in der Jungsteinzeit übliche Lehr- und Lern-Weise sympathisch, bei der der Alte dem Jungen eine Frage stellte und der Junge diese Frage beantworten musste. Diese Fragen und Antworten waren in Gedichtform verfasst und wurden über Generationen hin weitergegeben. Sie bezogen sich vor allem auf den Jenseitsweg und die Mythologie. Aus dieser Frage/Antwort-Lernmethode haben sich die Rätsel und auch ein Teil der religiösen Geheimlehren entwickelt.

Manche Menschen mit diesem Lernstil haben auch das absolute – meist photographische – Gedächtnis.

Möglicherweise ist für diesen Lernstil der Blockunterricht gut geeignet.

Als Lehrer muss man für einen solchen Schüler eine wirkliche Autorität sein, man muss auch Unwissen eingestehen können und niemals Autorität und Sachkenntnis nur vortäuschen – denn sonst wird man von diesem Schüler nicht mehr ernst genommen und kann ihn auch nichts mehr lehren.

Der historische Ansatz ist ebenfalls oft hilfreich – man zeigt als Lehrer dem Schüler, wie sich eine Form, ein Prinzip, eine Vorgehen usw. im Laufe der Zeit entwickelt hat. Dabei ist es auch förderlich, dem Schüler die Autoritäten aus den jeweiligen früheren Epochen nahezubringen. Evtl. kann es auch hilfreich sein, dem Schüler die Vorläufigkeit jeder Erkenntnis und jeder wissenschaftlichen und gesellschaftlichen Form deutlich zu machen.

Doch dabei sollte man dem Schüler auch deutlich machen, dass fast jedes Wissen durch den Fortschritt nicht widerlegt, sondern nur in einen größeren Rahmen eingefügt wird. So ist die klassische Mechanik ein Sonderfall in der Relativitätstheorie und die klassische Theorie der elektromagnetischen Kraft ist ein Sonderfall in der Quantenmechanik – und sowohl die Relativitätstheorie als auch die Quantenmechanik werden wahrscheinlich bald als Sonderfälle der Superstring-Theorie deutlich werden.

Es ist bei diesen Schülern wichtig, dass man ihnen Halt gibt, auch wenn man ihnen die Relativität des Wissens deutlich macht.

Außerdem sollte man sie dazu anregen, dass sie sich ihr eigenes Fundament aus Werten und Grundsätzen erschaffen, das für sie selber eine weitgehend absolute Bedeutung hat.

Der ideale Lernort für diesen Typ ist der Ort, an dem er der Autorität in dem Bereich, in dem er etwas lernen will, zuhören und ihrem Beispiel folgen kann. Das kann die Schule sein, eine Universität, ein Ashram, die Volkshochschule, der örtliche LARP-

Verein, der Schach-Klub – was auch immer … Der Steinbock-Lerntyp orientiert sich an dem, was am sichersten ist und geht dann eben an den Ort, wo er das finden kann.

Die Lernmittel, die dieser Lerntyp braucht, sind vor allem Bücher, die von Autoritäten geschrieben wurden und auf deren Inhalt er sich verlassen kann. Oft sind das auch die gesammelten Werke des Gründers einer „Bewegung" wie der Talmud, die Bibel, der Koran, der „Yoga" des Patanjali, das Tao-Tê-King des Lao-tse, die Sutras von Buddha, das „Kapital" von Karl Marx, die „GA" von Rudolf Steiner, die Werke von Bagwan, das BGB usw. Sein Lieblings-Lern-Werkzeug ist Grundlagen-Buch.

In der klassischen Kategorisierung ist der Steinbock ein haptischer Lerntyp.

Übung

(von David Eilenstein)

Erfahrung und Übung machen mega-viel aus. Es macht viel aus, ob man eine Bewegung mal gemacht hat und es so gerade funktioniert hat, oder ob man das schon im Blut hat und genau weiß, dass geht so und so und fühlt sich so und so an. Das macht einen Unterschied, wenn ich genau weiß, wie sich das in der Hand anfühlt, und wenn ich genau weiß, welchen Unterschied es macht, wie ich die Finger setze oder ob ich den Daumen gegenüber den Finger oder neben sie setze, wenn ich genau weiß, was macht welchen Unterschied. So was kommt nur durch Übung.

Wenn man das viel übt, dann erweitert sich zum einen dieses Grund-Set an Fähigkeiten, man wird zudem selbstsicherer, dadurch vertraut man diesen Fähigkeiten mehr – und dann kann man auch besser kreativ werden. Wenn ein Hindernis Kreativität erfordert, weil man das noch nie gemacht hat, dann muss man sich überlegen, was man da macht. Man traut sich mehr, sich auf die Techniken zu verlassen, die man schon sicher kann, als auf die, die man irgendwann mal ausprobiert hat.

Es ist wichtig, dass man viele Bewegungen in den aktiven Bewegungsschatz reinbekommt und nicht nur in den passiven, dass man die Bewegungen also nicht nur mal gemacht hat, sondern dass man sie kennt. Dann weiß man, wie man ein neues Hindernis sicher angehen kann.

11. weitsichtig

~

Die elfte Art des Lernens braucht Gesamtdarstellungen, den theoretischen Überbau, die klare weltanschauliche Ausrichtung, die Abstrahierung zu einem allgemeinen Prinzip und vor allem die Utopie, die sich aus all dem ergibt. Das konkrete Lernen führt bei diesem Typ schließlich immer zu einer Abstraktion und Verallgemeinerung des Wissens.

Dieser Typ bevorzugt das multimediale Lernen mit PC und Internet und auch den Fernunterricht. Allerdings blüht er auch beim Gruppenlernen in der Schule, an der Universität und im Unternehmen auf. Er erforscht und fördert auch die Lernfähigkeit von Organisation und schätzt das interdisziplinäre Lernen.

Das Lernen als Gemeinschaft wird auch gerne in Filmen wie z.B. im „Herr der Ringe" oder in „Avengers" dargestellt, da sich dabei eine vielfältige Dynamik entwickelt.

Dieser Lerntyp denkt auch über das Denken selber nach, um das Denken besser zu verstehen und so auch neue Lernmethoden zu entdecken.

Er ist auch technischen Lernmethoden nicht abgeneigt. Die älteste Vision eines solchen „technischen Lernens" ist der berühmte „Nürnberger Trichter", durch den das Wissen einfach in den Kopf hineingeschüttet werden sollte. Eine neuere Version diese alten Vision ist die von Elon Musk entwickelte Gehirn/Computer-Schnittstelle, durch die bisher allerdings noch keine besonders differenzierten Informationen zwischen Gehirn und Computer übertragen werden können. In Sciencefiction-Filmen ist dieses Verfahren schon deutlich weiter entwickelt …

Ein anderes Verfahren zur technischen Wissens-Übertragung ist in der 1974 und 1976 ausgestrahlten fünfteiligen Fernsehserie „Das baue Palais" gezeigt worden: Ein Maler, der sein Leben lag nur den heiligen japanischen Berg Fujiyama gemalt hat, wurde getötet und aus einem Gehirn Proteine extrahiert und einem andern Mann injiziert, der daraufhin ebenfalls wie der getötete Maler den Mount Fuji malen konnte.

Dieses Verfahren ist nicht so weit hergeholt, wie man auf den ersten Blick vielleicht meinen könnte – immerhin gibt es reichlich Berichte von Menschen, in die ein Organ von einem anderen Menschen verpflanzt worden ist und die dann anschließend teilweise auch Eigenschaften entwickelt haben, die der Organspender gehabt hat. Doch das könnte allerdings auch daran liegen, dass der Lebende nun zusätzlich zu seinem eigenen Horoskop eine Leber oder ein Herz hatte, das von einem Menschen mit einem ganz anderen Horoskop stammte – der Lebende hatte nun eine Horoskop-Mischung …

Als Lehrer sollte man einen solchen Schüler zu inspirieren versuchen, ihn zum Weiterdenken anregen, ihm die möglichen Perspektiven und Entwicklungsmöglichkeiten aufzeigen.

Wenn solch ein Schüler z.B. im Physik-Unterricht bei der Berechnung der Wellen auf die Idee kommt, die Veränderung einer Welle, die sich auf den Beobachter zubewegt, mit der Veränderung der Welle, wenn sich der Beobachter bewegt, miteinander zu kombinieren, um eine vollständige Beschreibung dieser Veränderungen zu erhalten – und dann auf einmal auf ein c^2 stößt, dann sollte der Lehrer den Schüler darauf hinweisen, dass er gerade das c^2 aus Einsteins berühmter Formel „E=mc²" gefunden hat. Das wird den Schüler, der auf diese Weise lernt, mit Sicherheit dazu anspornen, noch weiter zu forschen.

Dasselbe gilt natürlich auch für andere Wissensbereiche: Der Lehrer sollte solchen Schülern – wann immer das möglich ist – Tore zu neuem Wissen öffnen, denn diese Schüler brauchen die Weite und das Neue.

Der ideale Lernort für diesen Typ ist die Versammlung der Gleichgesinnten, mit denen er reden und debattieren und sich austauschen kann und wo er alle Informationen und Utopien-Schmiede findet, die er braucht, um wirklich gut lernen zu können. Der Wassermann-Lerntyp geht zum Lernen gerne an den Stammtisch in seinem Vereinslokal, in den örtlichen Zweig der Anthroposophen, in die nächstgelegen Loge der Freimaurer, in das Büro der Grünen in der Nachbarstadt usw. Er lernt eben am besten unter Gleichgesinnten …

Die Lernmittel, die dieser Lerntyp braucht, sind vor allem das Internet und das Gespräch mit Gleichgesinnten. Auf diese Weise kommt er zu allen Informationen, die er braucht und kann sie auch gleich noch weiterverarbeiten. Sein Lieblings-Lern-Werkzeug ist die Beschreibung der Utopie.

In der klassischen Kategorisierung ist der Wassermann ein auditiver Lerntyp.

<u>Positives Denken</u>

(von David Eilenstein)

Das „Positive Denken" nennt man im Ninja „Commitment". Das ist die Überzeugung, dass man das kann und dass man das jetzt macht. Das ist sauwichtig.

Wenn ich vor einem Hindernis stehe und denke: „Ach Du Scheiße! ... Na gut, das wird schiefgehen ...", dann wird das fast immer schiefgehen. Ich hab aber tatsächlich auch schon Hindernisse geschafft, in die ich mit dieser Einstellung rein bin, aber man fühlt sich dabei wahnsinnig unwohl – und das funktioniert nicht gut. Ich halt's für sinnvoller, von einem Hindernis erstmal einen Plan zu haben und erst mal davon auszugehen, dass man das schafft.

Ich habe auch schon mal gedacht, dass ich bei einem Parcour bis zu einem bestimmten Hindernis komme und habe das dann auch bis da durchgezogen. Ich dachte, wenn ich bis da komme, dann passt das schon ... Und dann stand ich vor dem letzten Hindernis und hatte keinen Plan und wusste nicht, was ich machen soll ... Und dann da stehen und nachzudenken, das bringt's nicht – da ist es besser, einen Plan für die ganze Hindernis-Folge zu haben.

Ich hab bei einem Lauf immer vorher einen Film im Kopf: So und so soll das aussehen. Und dann läuft man los und spult den Film ab.

12. träumerisch

H

Die zwölfte Art des Lernens ist das Nebenbei-Lernen, das sich nicht sonderlich anstrengt, sondern die Dinge hört – und das eine oder andre bleibt dann schon hängen. Dabei kann man auch Musik hören oder bei einem Latte macchiato auf dem Marktplatz sitzen. Dieser Typ lernt am besten, wenn er dabei völlig entspannt ist.

Eine sehr alte und halb vergessene, aber trotzdem wirksame Methode, die zu diesem Lernstil paßt, ist das Legen des Buches, dessen Inhalt man lernen will, unter das Kopfkissen, wenn man Abends zu Bett geht.

Das Lernen dieses Typs ist weitgehend kontextgebunden – die soziale Situation beim Lernen, das soziale Eingebundenheit und die soziale Interaktion beim Lernen sind für ihn ausgesprochen wichtig. Seine Lernmotivation hängt auch von der von ihm erwarteten sozialen Reaktionen auf sein Lernen ab.

Er schätzt beim Lernen die Simulation, das Rollenspiel und die Fantasie zur Belebung des Wissens. Auf diese Weise kann er sich alles besser merken.

Dieser Typ hat ein diffuses Lernen – er lernt mal hier was, mal da was – und er ist an allem ein wenig interessiert. Er hat ein „globales Lernen". Er ist auch der Meinung, dass Bildung eigentlich das ist, was übrigbleibt, wenn man das Erlernte wieder vergessen hat.

Die Kehrseite des Erlernens ist das Vergessen. Die Vergessenskurve ist – wie alle natürlichen Entwicklungen – eine e-Funktion. Es ist auffällig, dass Prinzipien und Gesetzmäßigkeiten nach 5 Tagen nur zu 1% vergessen werden und auch 30 Tagen nur zu 5%. Es empfiehlt sich also ganz allgemein, sich beim Lernen vor allem die Grundprinzipien einzuprägen. Bei Gedichten sind nach 5 Tagen 25% und nach 30 Tagen 50% vergessen – bei Prosa hingegen nach 5 Tagen bereits 53% und nach 30 Tagen 60%.

Die jungsteinzeitliche Methode, Wissen in Versen aufzubewahren und diese Verse mit wesentlichen Aussagen zu füllen, war also sehr sinnvoll. Von den sinnlosen Silben, die man an nichts bereits im Gedächtnis Vorhandenes anknüpfen konnte, wurden nach 5 Tagen bereits 78% vergessen, woran sich auch nach 30 Tagen nicht viel änderte, nach denen 80% vergessen worden waren.

Als Lehrer sollte man diesen Schülern zunächst den Überblick vermitteln und dann allmählich zu den Details übergehen. Hier ist der Fische-Lerntyp dem Jungfrau-Lerntyp genau entgegengesetzt.

Praktisch bedeutet das, dass man solchen Schülern im Geographie-Unterricht erst einmal einen Globus zeigt, den sie sich lange genug ansehen können. Dann zeigt man ihnen Europa, dann Deutschland, dann ihr eigenes Bundesland, dann die Heimatgemeinde, die Heimatstadt, die Straße, in der sie wohnen usw. Das kann man natürlich auch mit Google-Earth durchführen – wobei ein großer Globus für den ersten Eindruck und für das Begreifen der Kugelgestalt der Erde natürlich wesentlich besser ist.

Man kann diesen Lerntyp auch durch Bilder und Geschichten aus fremdartigen Kulturen anregen – denn bei ihm läuft vieles über die Phantasie und das Tagträumen.

Wenn man solch einem Schüler z.B. die Evolution erklären will, kann man mit ihm die Pflanzen und Tiere auf der Erde betrachten und anschließend die Pflanzen und Tiere auf dem Mond „Pandora" in dem Film „Avatar", in dem sich die Tiere und Pflanzen wie auf der Erde erkennbar aus einem einheitlichen Grundprinzip (Urpflanze, Urtier) heraus entwickelt haben. Ein solches Vorgehen wird für diesen Lerntyp sehr anschaulich sein – man kann ihn evtl. auch anregen, einmal selber Pflanzen und Tiere zu zeichnen, wie sie auf einem anderen Planeten mit noch anderen Grundformen des Lebens aussehen könnten.

Überhaupt sind für diesen Lerntyp die Kunst, das Sozialengagement, die Religion, die Ökologie und ähnliche alles umfassende Themen der beste Zugang zum Erwecken der eigenen Lernmotivation.

Der ideale Lernort für diesen Typ ist im Grunde überall – am besten dort, wo viele Menschen sind und „wo das Leben fließt". Der Fische-Lerntyp braucht keinen besonderen Lernort, sondern steht am liebsten „mitten im Leben". Er lernt durch das, was er sieht, erlebt und spürt – und das ist an einem speziellen Lernort ja eben stark eingeschränkt. Auch Orte, an denen man besonders entspannt ist wie die Badewanne und die Hängematte können für diesen Lerntyp gut geeignete Orte zum Forschen, Lernen, Daten-Verarbeiten und Entwerfen von Vorgehensweisen sein.

Die Lernmittel, die dieser Lerntyp braucht, sind vor allem lockere, frei fließende Gespräche, die die Phantasie und das Vorstellungsvermögen anregen. Wenn das dann noch durch einige persönliche Erlebnisse und Geschichten von Bekannten sowie durch ein paar unterhaltsame Anekdoten ergänzt wird, ist alles da, was dieser Typ zum Lernen braucht. Dabei sollte das alles eher locker vonstattengehen, sodass man sozusagen nebenher lernt ohne sich wirklich groß gezielt anzustrengen. Sein Lieblings-Lern-Werkzeug ist das Fernrohr.

In der klassischen Kategorisierung ist der Fisch ein visueller Lerntyp.

Meister Yoda

(von David Eilenstein)

Ich sag mal so: Mindestens 50% bei uns im Training geht es nicht darum, dass ich denen erkläre, wie sie das technisch auf die Reihe kriegen – ja, jedenfalls ein sehr großer Anteil – sondern wie sie das mit dem Kopf hinkriegen, wie sie sich das vorstellen können, wie sie sich das visualisieren können, wie sie das Vertrauen finden können, dass das klappt, wie sie sich ein Backup konstruieren können, wenn was schiefgeht, was sie tun können, wenn sie etwas Neues versuchen und Schiss haben, wie man sich schrittweise an was Schwieriges rantasten kann – nicht weil das physisch notwendig wäre, sondern weil sonst der Kopf nicht mitspielen würde ... vor allem, wie man das visualisiert, wie man sich das vorstellt und das dann bei dem Lauf abspult. Das sind alles Sachen, die spielen sich im Kopf ab.

Die Leute erkennen diese Zusammenhänge nach einer Weile. Da war z.B. mal eine Frau im Parcour-Training, die wollte einen Salto machen, und sie wusste genau, sie kann es. Dann hab ich ihr ein paar Sachen dazu gesagt und auf einmal war sie richtig genervt und ich dachte „Was ist los?!“ Doch die war nicht davon genervt, wie ich es ihr erklärt habe, sondern davon, dass sie genau wusste, dass sie es kann – und dass ich genau wusste, dass sie es kann, hat's auch nicht einfacher gemacht. „Du musst es nur tun – der Rest ist Kopf.“ Ich hab sie dann direkt damit konfrontiert –

und ich meine, sie hätte den Salto dann auch gemacht, aber ich bin mir nicht mehr ganz sicher.

Auch wenn die Leute Schmerzen haben – Zahnschmerzen z.B. oder wenn ihnen schlecht ist – habe ich ihnen manchmal einfache Meditationen gezeigt. In der Regel waren das Visualisierungen – die haben dann auch geholfen und die Leute waren dann immer ganz verblüfft.

Mein Vater macht sowas eher mit Fußreflexzonenmassagen, aber diese Fußpunkte kenne ich selber nicht.

Dann gibt es da ja noch diese ganzen nicht-wissenschaftlichen Erlebnisse. So ganz hundertprozentig in mein Weltbild integriert hab ich die noch nicht ...

Aber klar, Telepathie und sowas gibt's – da bin ich auf jeden Fall dabei. Das hab ich ja gründlich kennengelernt – vor allem mit meinem Vater. Das ist einfach viel zu viel für Zufall gewesen.

Ich habe auch eine Zeitlang meditiert, das hat mir sehr geholfen – aber bei der Meditation verschwimmt die Grenze: Was ist jetzt magisch und was ist „die Psyche im Griff haben" und sich selber gut kennen?

Telekinese gibt's auch. Das ist absurd, aber die gibt's. Da weiß ich zumindest auch im ganz Kleinen, wie ich die produzieren kann, aber eben nur mit so einem Papierrädchen auf einer Nadelspitze – aber auf mehr hab ich's auch noch nicht angelegt.

Also, mir genügt es auch zu wissen, dass es das gibt. Denn wenn es das gibt, gibt es auch noch andere Sachen – das ist ja völlig unrealistisch, dass das das einzige Phänomen sein könnte. Ja, und zu wissen, dass Gedanken so etwas bewegen können, ist ganz geil. Wenn die ein Stück Papier bewegen können, dann können die, was innere Prozesse angeht, noch viel mehr ausrichten. Eigentlich genügt es mir zu wissen, dass die Gedanken sauviel Kraft haben.

Das kann nicht Wärme sein, was das Rädchen bewegt – das kann ich durch viel Ausprobieren ausschließen. Dafür dürfte das Rädchen auch nicht symmetrisch sein, sondern müsste eine Propellerform haben, die es aber nicht hat. Ich hab das Rädchen ja auch schon mal unter einer Glasglocke drehen können, als ich lange geübt habe – das war zwar nur eine Achtel-Rotation, die ich geschafft habe, aber es hat sich gedreht. Wieviel es sich gedreht hat, ist ja völlig egal – es hat sich gedreht. Es geht auch *unter Glas und da kommt keine Wärme von den Händen hin und auch kein Luftstrom. Es gibt da auf jeden Fall irgendwas.*

Wenn es da irgendeine komische Wechselwirkung gäbe, die da auf irgendeine komische Art getriggert wird, dann wirkt da ja ein ganz fragiles System sehr stark auf das Papierrädchen. Und Nervenbahnen, wo die ganzen Gedanken ja biologisch angesiedelt sind – das ist ja deutlich fragiler als ein Stück Papier auf einer Nadel. Das passt als Ursache und Wirkung nicht zusammen: schwache Ursache – starke Wirkung. Das geht nicht.

Und wenn ich das akzeptiere, dass es die Telekinese gibt, dann akzeptiere ich ja gleich auch, dass es Ausstrahlung und so was gibt – das ist ja durchaus etwas, was man beobachten und spüren kann, auch wenn man das vielleicht nicht so leicht fassen kann.

An der Astrologie ist auf jeden Fall auch was dran – wenn man das mal statistisch sieht. Mein Horoskop beschreibt mich einfach viel zu gut, als dass das Zufall sein könnte. Auch bei anderen hab ich das schon erlebt, die ich nicht gut kannte – wenn ich denen das Horoskop ausgerechnet und gedeutet habe und das dann echt präzise gepasst hat. Man könnte die Horoskope ja auch einfach mal vertauschen – aber dann passt es nicht mehr. Es scheint also zu funktionieren.

Ich hab's aber noch nicht so ganz akzeptiert, weil das für mich keinen Sinn macht. Also, dass Horoskope funktionieren, nervt mich so'n bisschen, aber ich kann's als Werkzeug benutzen, wenn ich sie brauche.

Bei Telepathie kann ich das irgendwie annehmen – dass Menschen noch auf einer anderen Ebene kommunizieren, ist noch greifbarer als dass irgendwelche Planeten mit irgendwelchen Analogien den Charakter beeinflussen ... das klingt für mich total bescheuert! Aber ich kann das auch nicht leugnen, denn wenn man's richtig macht, funktioniert's halt leider – laut Statistik, Bobachtung und so – das funktioniert eben.

Bücher von Harry Eilenstein

Magie für Anfänger
- Telepathie für Anfänger (60 S.)
- Telepathie für Fortgeschrittene (52 S.)
- Telekinese für Anfänger (52 S.)
- Analogien für Anfänger (56 S.)
- Omen und Orakel für Anfänger (52 S.)
- Lebenskraft für Anfänger (60 S.)
- Meditation für Anfänger (56 S.)
- Kundalini für Anfänger (100 S.)
- Hypnose für Anfänger (56 S.)
- Kampfmagie für Anfänger (172 S.)
- Auto-Movement für Anfänger (56 S.)
- Chakra-Magie für Anfänger (148 S.)
- Astralreisen für Anfänger (56 S.)
- Astrologie für Anfänger (120 S.)
- Astrologische Quadrate für Fortgeschrittene (72 S.)
- Partnerhoroskope für Anfänger (100 S.)
- Silberschnüre für Anfänger (52 S.)
- Zaubersprüche für Anfänger (60 S.)
- Ritual-Magie für Anfänger (56 S.)
- Mandalas für Anfänger (68 S.)
- Geldzauber für Anfänger (56 S.)
- Liebeszauber für Anfänger (52 S.)
- Invokationen für Anfänger (52 S.)
- Evokationen für Anfänger (60 S.)
- Geister für Anfänger (52 S.)
- Elfen für Anfänger (56 S.)
- Magie-Forschung für Anfänger (140 S.)
- Magie-Romantik für Anfänger (60 S.)
- Selbsterkenntnis für Anfänger (52 S.)
- Einweihungen für Anfänger (60 S.)
- Drogen-Kabbala für Anfänger (216 S.)
- Zahlensymbolik für Anfänger (60 S.)
- Die Sprache des Mondes – für Anfänger (116 S.)
- Zaubergesänge für Anfänger (100 S.)
- Zukunftschau für Anfänger (60 S.)
- Schamanismus für Anfänger (52 S.)
- Schwitzhütten für Anfänger (52 S.)
- Magische Gegenstände für Anfänger (68 S.)
- Übertragungen für Anfänger (68 S.)
- Zaubertränke für Anfänger (64 S.)
- Magie-Gesten für Anfänger (252 S.)
- Da'ath-Magie für Anfänger (64 S.)
- Magie-Heilungen für Anfänger (68 S.)
- Kornkreise für Anfänger (348 S.)
- Feng Shui für Anfänger (96 S.)
- Tao für Anfänger (112 S.)
- Magie für Anfänger – Sammelband   I (696 S.)
- Magie für Anfänger – Sammelband   II (664 S.)
- Magie für Anfänger – Sammelband   III (580 S.)
- Magie für Anfänger – Sammelband   IV (700 S.)
- Magie für Anfänger – Sammelband   V (676 S.)
- Magie für Anfänger – Sammelband   VI (640 S.)

Magie
- Handbuch für Zauberlehrlinge (408 S.)
- Wie man das Pentagramm-Ritual zum Leben
  erweckt (308 S.)
- Tarot (104 S.)
- Physik und Magie (184 S.)
- Die Synthese von Physik und Magie (200S.)
- Die Magie-Formel (156 S.)
- Schwarze Löcher in der Magie (56 S.)
- Krafttiere – Tiergöttinnen – Tiertänze (112 S.)
- Schwitzhütten (524 S.)
- Mythen und Magie der Harfe (116 S.)
- Drei Adeptus Major Rituale (192 S.)
- Drei Adeptus Exemptus Rituale (120 S.)
- Zwei Infans Abyssi Rituale (128 S.)

Traumreisen
- Traumreisen zu Heilpflanzen (700 S.)
- Traumreisen zum kabbalistischen Lebensbaum (132 S.)

Meditation
- Der Lebenskraftkörper (230 S.)
- Die Chakren (100 S.)
- Das Chakren-System mit den Nebenchakren (296 S.)
- Organe und Chakren (64 S.)
- Die platonischen Körper in den Chakren (156 S.)
- Meditation (140 S.)
- Drachenfeuer (124 S.)
- Kundalini I (676 S.)
- Kundalini II (672 S.)
- Reinkarnation (156 S.)
- einsgerichtet (140 S.)

Astrologie
- Astrologie (496 S.)
- Photo-Astrologie (428 S.)
- Die astrologischen Aspekte (88 S.)
- Horoskop und Seele (120 S.)

Kabbala
- Kursus der praktischen Kabbala (150 S.)
- Eltern der Erde (450 S.)
- Blüten des Lebensbaumes:
    1. Die Struktur des kabbalistischen
       Lebensbaumes (370 S.)
    2. Der kabbalistische Lebensbaum als
       Forschungshilfsmittel (580 S.)
    3. Der kabbalistische Lebensbaum als
       spirituelle Landkarte (520 S.)
- Logik und Wirkung der Analogie (700 S.)

Eilenstein, Frater V.D., Knecht, Büdenbender
- Magie heute – Berichte aus der Praxis (288 S.)

Büdenbender, Eilenstein
- Chaos, Alk und Magic (436 S.)

Germanen

1. Die Entwicklung der germanischen Religion (556S.)
2. Lexikon der germanischen Religion (576S.)
3. Der ursprüngliche Göttervater Tyr (584S.)
4. Tyr in der Unterwelt: der Schmied Wieland (228S.)
5. Tyr in der Unterwelt: der Riesenkönig 1 (448S.)
6. Tyr in der Unterwelt: der Riesenkönig 2 (452S.)
7. Tyr in der Unterwelt: der Zwergenkönig (304S.)
8. Der Himmelswächter Heimdall (140S.)
9. Der Sommergott Baldur (228S.)
10. Der Meeresgott: Ägir, Hler und Njörd (176S.)
11. Der Eibengott Ullr (148S.)
12. Die Zwillingsgötter Alcis (292S.)
13. Der neue Göttervater Odin 1 (672S.)
14. Der neue Göttervater Odin 2 (160S.)
15. Der Fruchtbarkeitsgott Freyr (320S.)
16. Der Chaos-Gott Loki (608S.)
17. Der Donnergott Thor (600S.)
18. Der Priestergott Hönir (76S.)
19. Die Göttersöhne (204S.)
20. Die unbekannteren Götter (248S.)
21. Die Göttermutter Frigg (220S.)
22. Die Liebesgöttin: Freya und Menglöd (424S.)
23. Die Erdgöttinnen (212S.)
24. Die Korngöttin Sif (104S.)
25. Die Apfel-Göttin Idun (144S.)
26. Die Hügelgrab-Jenseitsgöttin Hel (288S.)
27. Die Meeres-Jenseitsgöttin Ran (112S.)
28. Die unbekannteren Jenseitsgöttinnen (384S.)
29. Die unbekannteren Göttinnen (308S.)
30. Die Nornen (328S.)
31. Die Walküren (636S.)
32. Die Zwerge (424S.)
33. Der Urriese Ymir (220S.)
34. Die Riesen (384S.)
35. Die Riesinnen (368S.)
36. Mythologische Wesen (280S.)
37. Mythologische Priester und Priesterinnen (220S.)
38. Sigurd/Siegfried (672S.)
39. Helden und Göttersöhne (628S.)
40. Die Symbolik der Vögel und Insekten (496S.)
41. Die Symbolik der Schlangen, Drachen und Ungeheuer (616S.)
42.a Die Symbolik der Herdentiere 1 (448S.)
42.b Die Symbolik der Herdentiere 2 (304S.)
43. Die Symbolik der Raubtiere (372S.)
44. Die Symbolik der Wassertiere und sonstigen Tiere (164S.)
45. Die Symbolik der Pflanzen (192S.)
46. Die Symbolik der Farben (124S.)
47. Die Symbolik der Zahlen (640S.)
48. Die Symbolik von Sonne, Mond und Sternen (596S.)

49.a Das Jenseits 1 – Das Hügelgrab (428S.)
49.b Das Jenseits 2 – Der Jenseitsweg (484S.)
50. Astralreise, Seelenvogel, Utiseta und Einweihung (420S.)
51. Wiederzeugung und Wiedergeburt (476S.)
52. Elemente der Kosmologie (412S.)
53. Der Weltenbaum (324S.)
54. Die Symbolik der Himmelsrichtungen und der Jahreszeiten (276S.)
55.a Mythologische Motive 1 – Aufbau (492S.)
55.b Mythologische Motive 2 – Vorgänge (480S.)
56. Der Tempel (397S.)
57. Die Einrichtung des Tempels (696S.)
58. Priesterin – Seherin – Zauberin – Hexe (428S.)
59. Priester – Seher – Zauberer (300S.)
60. Rituelle Kleidung und Schmuck (140S.)
61. Skalden und Skaldinnen (92S.)
62. Kriegerinnen und Ekstase-Krieger (224S.)
63. Die Symbolik der Körperteile (340S.)
64.a Magie und Ritual 1 – Magie (608S.)
64.b Magie und Ritual 2 – Kult (592S.)
64.c Magie und Ritual 3 – Heilung (192S.)
65. Gestaltwandler (316S.)
66.a Magische Angriffs-Waffen (660S.)
66.b Magische Verteidigungs-Waffen (328S.)
67. Magische Werkzeuge und Gegenstände (348S.)
68. Zaubersprüche (340S.)
69. Göttermet (416S.)
70. Zaubertränke (72S.)
71. Träume, Omen und Orakel (284S.)
72. Runen (252S.)
73. Sozial-religiöse Rituale (328S.)
74. Weisheiten und Sprichworte (540S.)
75. Kenningar (664S.)
76. Rätsel (160S.)
77. Die vollständige Edda des Snorri Sturluson (512S.)
78. Frühe Skaldenlieder (224S.)
79.a Mythologische Sagas 1 (488S.)
79.b Mythologische Sagas 2 (372S.)
80. Hymnen an die germanischen Götter (684S.)

nicht Teil der Germanen-Reihe:
- Odin (300 S.)

Kelten
- Cernunnos (690 S.)
- Taliesin (228 S.)
- Der Kessel von Gundestrup (220 S.)
- Der Chiemsee-Kessel (76)

Inder
- Dakini (80 S.)
- Vajra (76 S.)

Griechen
- Pan (336 S.)
- Poseidon (668 S.)

<u>**Religion allgemein**</u>
- Die sieben Schritte des Lebens (428 S.)
- Muttergöttin und Schamanen (168 S.)
- Totempfähle (440 S.)
- Der Urriese (168 S.)
<u>**Jungsteinzeit**</u>
- Göbekli Tepe (472 S.)
- Die Göttin von Göbekli Tepe (144 S.)
- Die Rituale von Göbekli Tepe (112 S.)
<u>**Ägypten**</u>
- Hathor und Re 1: Götter und Mythen im
  im Alten Ägypten (432 S.)
- Hathor und Re 2: Die altägyptische Religion
  – Ursprünge, Kult und Magie (396 S.)
- Isis (508 S.)
- Ma'at (200 S.)
<u>**Indogermanen**</u>
- Die Entwicklung der indogermanischen
  Religionen (700 S.)
- Wurzeln und Zweige der indogermanischen
  Religion (224 S.)
<u>**Christentum**</u>
- Christus (60 S.)
- Die Biographie des Teufels (144 S.)
- Die Magie der Propheten Elias und Elisa (96 S.)
<u>**Psychologie**</u>
- Über die Freude (100 S.)
- Das Geheimnis des inneren Friedens (252 S.)
- Das Beziehungsmandala (52 S.)
- Gefühle und ihre Verwandlungen (404 S.)
- einsgerichtet (140 S.)
- Liebe und Eigenständigkeit (216 S.)
- Von innerer Fülle zu äußerem Gedeihen (52 S.)
- Kreative Hochzeits-Rituale (56 S.)
<u>**Heilung**</u>
- Die Symbolik der Krankheiten (76 S.)
<u>**Kunst**</u>
- Herz des Tanzes – Tanz des Herzens (160 S.)
- Die Wurzeln der Kunst (60 S.)
- Wege zur Musik-Improvisation (32 S.)
<u>**Drama**</u>
- König Athelstan (104 S.)
<u>**Roman**</u>
- Maran der Schamane (548 S.)
- Maran der Zauberlehrling (676 S.)
- Maran der Harfner (700 S.)
- Maran der Krieger (700 S.)
- Maran der Magier (900 S.)
- Maran der Weise (900 S.)

<u>**Entwürfe für die Zukunft**</u>
1. Die 12 Stile des Tierkreises (164 S.)
2. Die 12 Gedanken zur Energie (108 S.)
3. Die 12 Phänomene der Schwingungen (60 S.)
4. Die 12 Qualitäten des Wassers (92 S.)
5. Die 12 Fundamente des Wohnens (96 S.)
6. Die 12 Grundprinzipien einer umfassenden
   Gesundheit (32 S.)
7. Die 12 Zonen des menschlichen Körpers (80 S.)
8. Die 12 Zutaten der Ernährung (60 S.)
9. Die 12 Flüge der Bienen (148 S.)
10. Die 12 Sichtweisen auf Genußmittel und Drogen (96 S.)
11. Die 12 Möglichkeiten der ganzheitlichen Medizin (92 S.)
12. Die 12 Ansichten über das Impfen (36 S.)
13. Die 12 Leitlinien der Erziehung (44 S.)
14. Die 12 Richtungen des Denkens (84 S.)
15. Die 12 Arten des Lernens (56 S.)
16. Die 12 Seiten einer umfassenden Bildung (36 S.)
17. Die 12 Ansätze zu effektivem Handeln (76 S.)
18. Die 12 Konzepte der Arbeit (48 S.)
19. Die 12 Arten der neuen Technologien (36 S.)
20. Die 12 Betrachtungsweisen der künstlichen
    Intelligenz (48 S.)
21. Die 12 Eigenheiten des Geldes (40 S.)
22. Die 12 Funktionen der Steuern (56 S.)
23. Die 12 Betrachtungsweisen der Sozialberufe (60 S.)
24. Die 12 Strategien der Macht (64 S.)
25. Die 12 Anforderungen an ein neues Wertesystem (48 S.)
26. Die 12 Bausteine einer neuen Gesellschaftsform (52 S.)
27. Die 12 Tore zur Sophikratie (80 S.)
28. Die 12 Pfade zum Frieden (48 S.)
29. Die 12 Säulen des Naturrechts (56 S.)
30. Die 12 Grundlagen der Beziehungen (52 S.)
31. Die 12 Spielfelder des Fußballs (108 S.)
32. Die 12 Wege der Kunst (60 S.)
33. Die 12 Wurzeln eines erfüllten Lebens (44 S.)
34. Die 12 Bereiche des Bewußtseins (56 S.)
35. Die 12 Tempel der Religionen (84 S.)
36. Die 12 Aspekte eines einheitlichen
    spirituell-physikalischen Weltbildes (72 S.)
37. Die 12 Dynamiken der Verwandlung (44 S.)
- Sammelband 1 „Natur" (492 S.)
- Sammelband 2 „Gesundheit" (512 S.)
- Sammelband 3 „Bildung" (524 S.)
- Sammelband 4 „Gesellschaft" (416 S.)
- Sammelband 5 „Psyche" (380 S.)

die „Anfänger"-Reihe
- The Synthesis of Physics and Magic (192 p.)
- Telepathy for Beginners (60 p.)
- Telepathy for Advanced Learners (52 p.)
- Telekinesis for Beginners (56 p.)
- Life Force for Beginners (76 p.)
- Kundalini for Beginners (104 p.)
- Astral Projection for Beginners (60 p.)
- Meditation for Beginners (60 p.)
- Prophecy for Beginners (60 p.)
- Ritual Magic for Beginners (64 p.)
- Magic Chant for Beginners (108 p.)
- Invocations for Beginners (52 p.)
- Evocations for Beginners (62 p.)
- Auto-Movement for Beginners (60 p.)
- Elves for Beginners (56 p.)
- Hypnosis for Beginners (56 p.)
- Love Magic for Beginners (52 p.)
- Money Magic for Beginners (60 p.)
- Magic Objects for Beginners (64 p.)
- Shamanism for Beginners (52 p.)
- Chakra-Magic for Beginners (148 p.)
- Language of the Moon – for Beginners (128 p.)
- Self Knowledge for Beginners (60 p.)
- Da'ath-Magic for Beginners (64 p.)
- Astrology for Beginners (112 p.)
- Number Symbolism for Beginners (64 p.)
- Mandalas for Beginners (76 p.)
- Crop Circles for Beginners (344 p.)
- Feng Shui for Beginners (96 p.)
- Magic Research for Beginners (140 p.)
- Magic for Beginners – Anthology I (636 p.)
- Magic for Beginners – Anthology II (616 p.)
- Magic for Beginners – Anthology III (684 p.)
- Magic for Beginners – Anthology IV (580 p.)

Eilenstein, Frater V.D., Knecht, Büdenbender
- Living Magic (261 S.) (= „Magie heute")

sonstige englische Ausgaben
- The Biography of the Devil (140 S.)
- The Synthesis of Physics and Magic (192 S.)
- The Chakra-System with the Minor Chakras (304 S.)